向关键期

六岁前，高质量的陪伴决定孩子未来

鲁鹏程 —— 编著

芋头 —— 绘

海豚出版社
DOLPHIN BOOKS
中国国际出版集团

图书在版编目（CIP）数据

面向关键期：六岁前，高质量的陪伴决定孩子未来 /
鲁鹏程编著；芋头绘 . —— 北京：海豚出版社，2020.3
ISBN 978-7-5110-4886-8

Ⅰ . ①面… Ⅱ . ①鲁… ②芋… Ⅲ . ①学前儿童－家
庭教育 Ⅳ . ① G781

中国版本图书馆 CIP 数据核字 (2019) 第 241649 号

面向关键期——六岁前，高质量的陪伴决定孩子未来
鲁鹏程　编著　芋头　绘

出 版 人　王　磊
策　　划　田鑫鑫
责任编辑　张　镛
装帧设计　杨西霞
责任印制　于浩杰　蔡　丽
出　　版　海豚出版社
地　　址　北京市西城区百万庄大街 24 号
邮　　编　100037
电　　话　010-68325006（销售）010-68996147（总编室）
印　　刷　北京亚通印刷有限责任公司
经　　销　新华书店及网络书店
开　　本　880mm×1230mm　1/32
印　　张　8.75
字　　数　189 千字
版　　次　2020 年 3 月第 1 版　2020 年 3 月第 1 次印刷
标准书号　ISBN 978-7-5110-4886-8
定　　价　45.00 元

前　言

能看到这本书，并看到这句话，而且还想继续看下去，我想你的孩子应该属于 6 岁前这个年龄段，或者说你可能也认为"陪伴"这个行为或过程很重要。恭喜你，因为你即将打开正确陪伴孩子的方式。

我知道大部分年轻父母都非常忙，忙于工作、事业、学习、应酬……但开门见山地说一句：既然已经做了父母，就应该抽出更多时间给孩子。尤其是孩子小的时候，父母的陪伴更是不可或缺，甚至多多益善。只有陪伴孩子，你才能真正走进孩子的内心世界，才会有真正的亲子之爱与沟通，才会与孩子牢固建立情感联结……由此，你才能跟孩子在生命深处相遇。

6 岁是学龄与学龄前的分界点，而 6 岁前又是一个非常特殊的年龄段，是儿童心理社会性发展的关键时期，孩子智力发展迅速，对自我的感知越发强烈，情绪发展逐渐展开……总之，他在一路飞速成长，一天一个样、一月一个样、一年一个样……在此期间，有一件非常重要的事需要父母去做，就是要给足孩子高质量的、深度的陪伴。

你可能有过这样的经历：才三四岁的孩子会对你说："妈妈，我好爱你哟！"你要相信，这绝对是他发自内心的爱，你能从他的眼睛里看到那种简单而纯粹的情感，他满心满眼都是你，他需要你，他会拥抱你，愿意亲吻你，更愿意随时随地贴近你，希望每时每刻你都陪伴在他身旁。从孩子的表达中，你能感受到爱与依赖，你会觉得温暖，会觉得内心最柔软的部分都被触动。这其中的主题词就是"陪伴"。

说了这么多，那"陪伴"到底是什么？就是父母在提供给孩子必要的物质生活保障的同时，也需要花一定的时间，高质量地、深情深度地陪在孩子身边，与孩子的内心在一起，融入他的世界，倾听他心中的委屈、苦恼、困惑，分享他的快乐、欢笑、成绩，给予他所需要的关爱、理解、顺应、接纳、引导、帮助、鼓励、支持……让他感觉到和父母在有形的身体和无形的精神上都非常亲密，从而使其身体与心灵都得以健康成长。

可见，陪伴不是简单地在孩子身边待着，而是要充满爱意、充满温情，还要与孩子加强交流与互动。陪伴，实质重于形式，质量重于数量。

而孩子也是非常需要父母的陪伴的。

有句话说，"父亲是孩子的天，母亲是孩子的地"，当父母常常陪在孩子身边时，孩子就有脚踩大地、头顶蓝天的安全感。安全感对于孩子的成长实在太重要了！试想，当一个人身处不安全的环境中时，他会用什么眼光看待周围的人？还能不能勇敢自然地去做事？愿不愿意与他人沟通？……而缺乏父母陪伴的孩子，就时刻生活在没有安全感的世界里。所以，孩子内心害怕、多疑、阴暗……他自卑、反叛、孤独、悲伤……孩子从小心理不健康，就很难体验到幸福感。如此这般，人生谈何快乐！

现代医学研究表明，人的情绪的确会对大脑和内分泌系统功能产生影响。假如孩子因为缺少父母的陪伴与关爱，长期处于焦虑、抑郁等不快乐的情绪中，他的睡眠饮食就都会受到影响，从而导致其分泌人体生长激素的脑垂体受到抑制，生长激素的分泌量自然就会减少，使发育受到影响，临床上将其称为"心理性矮小症"。是不是有点令人吃惊呢？

缺少陪伴是孩子没有幸福感的重要原因之一，也会导致他出现各种心理问题，还可能会出现意外状况。而有父母深度陪伴的孩子，很少会有不安全感。这样的孩子往往敢想、敢说、敢做、敢尝试，他自信、果敢、正向乐观、勇于创新，能积极面对生活、学习、工作。即使人生有风雨，对他而言也是短暂的、可控的，因为他内心的阳光会照亮、温暖自己的人生。

所以，要用心陪伴你的孩子，让他不仅仅能吃饱穿暖，身体得到成长，也要让他的心灵得到满足，精神上保持愉悦。如此，孩子长大后，不仅能学有所成，自食其力，还会像父母曾给予他的一样，给予父母精神上的温暖和安慰。一家人始终互相支持、互相关怀，其乐融融。从孩子身心发展和终身幸福的角度来讲，父母陪伴孩子是一件非常重要的事，因为这完全有利于孩子的成长。而从父母的感受来说，只有常常陪伴孩子，才能谈及了解和关爱孩子，而孩子小时候感受父母的爱，是父母年老后感受孩子的爱的前提条件。如果父母希望自己轻松而幸福地度过中老年生活，就一定要在年轻时种下"陪伴孩子"的种子。这是有果必有因。父母想要好果，就要种下好因。

实际上，孩子6岁前，父母的陪伴是最好的教养。在《辞海》中，"教养"有两个义项：一是教育培养，如教养子孙、教养有方；二是指一般文化品德的修养，如知书达理有教养。在"6岁前，陪伴是最好的教养"这个主题中，"教养"所指的更多是第一种义项，即教育与培养，兼顾第二个义项，就是把孩子培养得知书达理，使其更有教养，也就是在思想品性、道德修养、礼仪礼貌等方面，有较好的表现。

古人常说"至要莫若教子"，对于父母而言，教育好下一代是最重要的事。而有的父母常常以"赚钱养家"为借口，忽视了这个重要的责任——陪伴孩子。其实，"赚钱养家"和"陪伴孩子"是夫妻共同承担的家庭职责，可以分工合作，也可以通力合作。完美合作的成果是培养出一个身心健康、孝敬谦恭、对家庭和社会都有用的人才。

陪伴孩子，要格外注意两点。第一，陪伴要专心且用心。要先暂时放下手里的事，眼中只看见孩子，心里也只想着孩子。人在心在，陪伴得专心致志，孩子自然也会感受到这份温情，才产生情感上的满足感。第二，莫将陪伴变成监督。陪伴应该是一种自然状态，孩子轻松，你也轻松，你和孩子都乐在其中。

不要把这种自然状态擅自变成紧张状态——"使劲"发现问题，训斥吼叫；"长篇大论""上纲上线"地教训数落。本来好好的陪伴，到最后变成了监督甚至"有罪推定"后的"过堂审问"，这就不好了。

实际上，陪伴孩子的过程是我们再次成长的过程，这是孩子送给我们的人生礼物。孩子就像一个天使来到我们身边，让我们重新认识自己，并修正自己的错误言行。一位妈妈就曾深情地说："在我看来，虽然我的确是在养育那个小小的孩子，可很多时候，我却觉得是孩子给了我一个重新成长的机会，这样的机会难能可贵，我又怎能不珍惜？"的确，我们都应珍惜这个机会，在与孩子相处中，努力学习提升、完善自己。慢慢就会发现，你学会了从孩子的角度来看问题，你会越来越理解他、接纳他，不仅如此，对身边的人你也仿佛变得越来越宽容。恭喜你，你在孩子的帮助下，心越来越柔软，人生也越来越圆满。

本书从婴儿期父母陪伴的重要性开始说起，从孩子的角度和感受出发，给父母阐明陪伴的重要性，以及有效的陪伴的真正内涵，并告诉父母怎样给孩子高质量的陪伴。相信在阅读本书的过程中，你一定会有自己的体悟，也一定会对陪伴孩子有新的看法。愿每一位父亲和母亲都能意识到自己真心的陪伴对孩子究竟意味着什么。也希望每一个孩子都能得到父母最完全的爱、最有理性的爱，从而更加茁壮地成长。

如果你希望自己成为一个好妈妈、好爸爸，那就用心陪伴孩子成长，让陪伴滋养他的心灵。想想看，孩子在不断地扩充自我，"时时新"，你也在不断地完善自己，"日日新"，全家人一起成长，一起心神交流，这是一件多么幸福的事！祝福你和你的孩子！祝你开卷有益！

鲁鹏程

目 录
CONTENTS

第一章

"失不再来"的学龄前美好时光

孩子长大就好像是一瞬间的事，昨天他还小小的一团窝在我们怀里，可再一转眼，他就长高了，长大了，已经到了可以背起书包独自行走的时候。而这一远离，可能就是渐行渐远。孩子学龄前，那段他远离前的美好时光，失不再来，何不在他远离之前，好好陪伴？

学龄前时光是最美好的亲子时光／2

大房子、好车子和好孩子，需要用心选择／7

把孩子交给保姆，你会失去什么／14

妈妈回归家庭，是个不错的主意／18

用各种方式记录下孩子的成长过程／25

第二章

从婴儿期起建立亲密的亲子关系

很多人都会在孩子长大之后才担忧亲子关系为什么这么不和谐，其实这个不和谐的根源存在于婴儿时期。要想和孩子拥有良好的亲子关系，我们需要从他还是婴儿时，就开始与他建立起良好的情感联系，从而让这段关系能日渐根深蒂固。

孩子哭了，要不要去抱／ 30

母乳喂养，是妈妈给孩子的第一件礼物／ 35

要蹲下来，才能明白孩子的视角／ 38

不做"亲密的平行线"／ 41

在适当的年龄，锻炼孩子的自理能力／ 45

保持童真，和孩子一起兴奋尖叫／ 50

我们"吵架"了：大人错了也需要道歉／ 53

第三章

爸妈用心陪，孩子更自信

自信是身心健康成长的精神支柱。有自信，孩子会更乐于积极主动行动，不会为困难障碍所困扰。孩子能否获得自信，与我们的表现紧密相连，如果我们给予孩子用心的深度陪伴，让他有足够的安全感与被爱感，那他的自信感也会随之增强。

警惕，不要把孩子变为"索爱"的孩子／ 60

一出门就要买东西，其实是想得到父母的爱／ 65

各种兴趣班，这真的是孩子的需要吗／ 69

给孩子自信，好父母不要盲目炫耀与攀比／ 76

高情商父母，把家"装扮"成欢乐的海洋／ 81

第四章

黏着妈妈，让我感觉很幸福

孩子对妈妈的依赖是一种神奇的力量。就算妈妈没有做什么特别的事情，孩子也喜欢黏着妈妈，哪怕只是简单地和妈妈在一起坐着，孩子内心的幸福感也会满满的。显然妈妈对孩子的影响力是巨大的，那么妈妈何不顺应孩子的需求，满足他的幸福感呢？

妈妈叫我起床，那么温柔／88

妈妈，妈妈，我要让你抱抱我／92

亲子烘焙时间，孩子最爱吃妈妈亲手做的点心／98

和妈妈一起做家务，亲手把家变得更美／102

亲子瑜伽或者按摩，妈妈带来的健康与温暖／110

美美的睡前故事，我一定可以做个好梦／114

第五章

爸爸，你就是我心中的超人

在孩子的心目中，爸爸是一个需要摸索才能认识的存在。当他慢慢接触并了解世界之后，就会对爸爸的身份有新的认识，不管是男孩还是女孩，都会希望爸爸变身为自己心目中的"超人"，能够在诸多重要时刻一展身手。所以，做爸爸的千万不要辜负孩子的期待。

爸爸每天都要抽出一定的时间陪孩子／120

和爸爸在一起，总能体验运动的刺激／124

你没听错，爸爸带你去捡垃圾！／128

去大自然中吧！那里有最新鲜的空气／132

在家里，爸爸陪你聊聊天 / 137

偶尔角色互换，今天爸爸来下厨 / 141

爸爸是个男子汉，是可以依靠的人 / 144

第六章

在陪伴的过程中，养成孩子好品格

品格，也就是一个人的品性、性格。孩子好品格的养成是需要时间和环境的。养成好品格的最佳时间，就是从孩子小时候开始，越早越好；孩子养成好品格的最佳环境，就是有我们陪伴的时候。所以，不要错过与浪费掉陪伴孩子的时间，积极培养他的好品格吧！

分享，先让孩子体会拥有的滋味 / 150

爱打人的孩子一定是小坏蛋吗 / 153

他怎么了？这么难听的话也说得出口！ / 157

学会尊敬长辈，是孩子一生的福气 / 161

学会"兄友弟恭"，孩子常交益友 / 168

因为爱你，所以管教你，就像给小树修剪树枝 / 173

每天都要有的"全家读书"时间 / 177

第七章

上幼儿园了，你喜欢新环境吗

一般而言，满3岁之后，大部分孩子都要进入幼儿园，开始他从没有体验过的全新的集体生活。但也正是因为从没有体验过，有相当一部分孩子对幼儿园的感觉并不算好。如何让孩子能顺利适应幼儿园的新环境，也就成了我们必须好好考虑与应对的问题。

要上幼儿园了，怎样平缓度过"分离焦虑期" / 184

每天晚上按时休息，不然会迟到 / 188

坏了，在幼儿园养成了坏习惯 / 193

孩子总受欺负，到底该怎么办 / 197

和老师多多交流，及时掌握孩子的"动态" / 201

孩子回家后，要和孩子做"优质"的交流 / 206

不要当着孩子的面对老师作负面评论 / 210

第八章

高质量的陪伴不只是付出时间

什么是陪伴？有人说："我每天什么都不做就那么陪着，大把时间都给孩子了，这还不算陪伴吗？"如果只是这样，那家里像手机、电视这些无生命的高科技产品恐怕更能胜任陪伴这项工作，可显然那并不叫陪伴。高质量的陪伴不只是我们付出时间，还要付出真心。

陪伴是心与心的交流 / 216

玩具再好，也比不过爸爸亲手做的小玩意 / 219

无缘无故大发脾气，其实是爱的"缺失症" / 223

亲爱的妈妈爸爸，请放下手机好吗 / 227

陪孩子一起看电视，这难道也叫陪伴吗 / 231

孩子最能看出我们的"三心二意" / 235

第九章

和孩子享受一起成长的幸福

孩子长大就是一瞬间的事，不在意、不认真的话，我们就会错过许多重要的美好时光，也会错过许多共享的幸福。实际上，陪伴孩子成长是我们义不容辞的责任，我们应该靠自己的努力来带领孩子走得更远，感受他的每一个令人惊喜的变化。他幸福了，我们岂不是也能更幸福？

夫妻关系和谐，孩子自然性格好／240

不要当着孩子的面互相指责／245

照顾好自己，才能照顾好孩子和家庭／249

因为有你，妈妈的潜能得到了最大的发挥／253

因为有你，爸爸更懂得珍惜／257

原来，教育真的不是嘴上说出来的／260

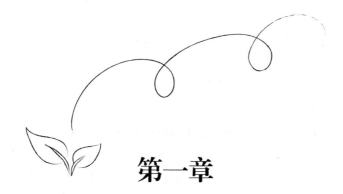

第一章
"失不再来"的学龄前美好时光

孩子长大就好像是一瞬间的事，昨天他还小小的一团窝在我们怀里，可再一转眼，他就长高了，长大了，已经到了可以背起书包独自行走的时候。而这一远离，可能就是渐行渐远。孩子学龄前，那段他远离前的美好时光，失不再来，何不在他远离之前，好好陪伴？

学龄前时光是最美好的亲子时光

几乎所有的妈妈都会在孩子"长大"后的某个时间节点对某一段亲子时光生出怀念之情，感慨万千。

在这段美好的亲子时光里，孩子更愿意牵着妈妈爸爸的手，寸步不离，孩子也会因为妈妈爸爸看着自己做事而开心。而若我们能和他一起行动，他就会更加兴奋。他委屈的时候、高兴的时候、遇到问题的时候、需要帮助的时候……第一个想到的是妈妈，不管什么事都要和我们一起分享——有事找妈妈，当然有时候也会找爸爸，但更多的还是找妈妈。

因为孩子从小就跟妈妈有一种天然的联结，跟妈妈的联结比跟爸爸的联结要亲密得多。所以在孩子的眼里，妈妈的地位要比爸爸的高，可能高出很多。

不管做爸爸的是否愿意，孩子情感的真相就是如此。要想改变这个局面，就要多跟他一起玩耍、多深度地陪伴他。

其实在孩子的眼里，谁跟他玩耍、谁陪伴他多，谁就是他心中的"好人"，就是他情感依赖的对象。所以，爸爸要努力成为孩子喜欢的那个人。让孩子像喜欢妈妈一样喜欢爸爸，那才是最好的感觉。

在孩子看来，有妈妈爸爸在的地方就是自己的全部世界，他不会计较吃什么、穿什么、在哪里，只要有妈妈爸爸陪在身边，他就觉得很幸福。

当然，这段时光带给我们的回忆也都是非常美好的。

学龄前——我们也可以用这样一个比较专业的称呼来定义这段时光。没错，学龄前这段时间，正是孩子与我们最亲密的时光，因为在这期间，他几乎是完全"属于"我们的，从有形的身体到无形的心理，他小小的"信仰"就是要和妈妈爸爸在一起。

就如昙花之所以美丽，正是因为它花期的转瞬即逝一样，学龄前的亲子时光之所以美好，也正是因为它的短暂。短短五六年，与孩子漫长的人生相比，也称得上是"转瞬即逝"。而这种感觉，等这段时光逝去后，我们可能才会更加深有体会。

如果你的孩子现在正处于学龄前，而你却感觉自己处于"水深火热""焦头烂额"的状态之中，那你大概是没有意识到孩子身上出现的所谓的"各种问题"，正是他成长的正常心理与行为表现。所以，千万不要把原本的"幸福感"给生生地挤掉。而当有一天你的孩子长大了，上学了，你可能就会感叹当年真的是"身在福中不知福"！真的是满满的遗憾！

就像辅导孩子写作业，不少父母认为这件事简直是一种煎熬，呵斥、吼叫、打骂孩子的行为也屡见不鲜，甚至有的妈妈已经因为辅导作业而气得生病住院。但有的妈妈（过来人）并不这么认为，比如有一位妈妈在看了众多"吐槽"辅导孩子写作业的朋友圈文章后，就悠然地说："好想再生个孩子，天天辅导他写作业，哪怕累点，哪怕他天天气着我。"这是"过来人"的心里话，而非矫情。

可能我们天天盼着孩子长大，快点上幼儿园，快点上小学、初中、高中……但有一天一纸"通知书"把孩子从我们身边召唤到远方的时候，我们并没有真正轻松起来，反而是怅然若失——好像突然间少了很多东西，很不适应。对当年的各种累却有着各种怀念，甚至会感慨"哪怕孩子跟自己抬杠拌嘴，也是一种求之不得的幸福"。

刚才跟着"过来人"游走了一番。现在，我们再回到"现实"中，是不是有一种不一样的感觉了呢？当下的幸福与美好，的确值得好好珍惜。

实际上，"当下的幸福与美好"阶段并不会太长。太小的孩子还诸事不懂，所以只能是我们全身心地对他付出，换来的是他的不断成长。等到他可以和我们交流，能说出自己的想法、情绪或者情感时，也要到他三四岁了。可这般光景却持续不了多久，转眼间他便到了入学的年龄，他的注意力就会被学校里的新事物逐渐拉去，他会遇见更多的伙伴，会学到更多的知识，他慢慢地接触了社会，慢慢地想要自己独行……

如此算来，那么短暂却又美好的一段时光，又怎么能不被我们珍惜？

可还是会有"世事难料"这一情况出现的，学龄前的孩子，到底还是孩童心性，顽皮自不必说，日益扩大的探索范围也会吸引他去接触更多他想要了解的事物，更别说他会渐渐形成相对较为独立的自我思想意识，会有自己的见解，会执拗，会叛逆，会为了实现自己的目的而做一些令人始料未及且大跌眼镜的事情……这就是前面提到的可能会让你身处"水深火热""焦头烂额"状态的源头所在。

这个时期，在很多妈妈爸爸看来，是"快乐幸福并痛苦着"的，因为眼前这个"小不点"有着左右我们心情的"大本事"。

所以才说，学龄前的孩子很"难教"，既然如此之难，怎么办？现代家庭中的解决办法无非两种：

第一个办法，交给我们的妈妈爸爸，也就是老一辈人去带，他们有经验，有时间，更有爱心。

第二个办法，交给有经验的保姆去带，她们受过专业的培训，而且颇有带孩子的好经验。

而一些妈妈自己呢？要么趁此时赶紧消遣娱乐，要么用最快的速度返回工作岗位。

难教不是借口，再难教那也是我们自己的孩子。至于说赶紧返工挣钱养家，这可能也不是借口，因为孩子的健康成长比挣钱更重要。当然，没有基本的物质做保障也是不行的，但如果仅仅是挣得很多金钱，却没时间去陪伴孩子而失去了亲子共处的美好时光，让孩子生活在隔代亲爱或无爱可亲之中，他与我们的感情就会越来越淡漠，我们可能就真的因小失大了。

我们若此时为了图轻省而放弃与孩子相处的时间，那么未来的日子将再也难以找到与孩子这般亲密的时光，而孩子也可能会因为这段亲密时光的缺失而变得性格孤僻，变得不那么容易相信人，变得胆小，变得没有自信，变得不再活泼……

有的妈妈总觉得自己的孩子表现得不那么优秀，那多半是他在应该和妈妈爸爸好好相处的这段时间里失去了亲密感导致的。没有了亲密感，孩子就会缺乏安全感，而缺乏安全感，他的探索认知、学习成长、与人交往等能力也会在某种程度上失灵。

最重要的一点，孩子与我们的疏远恐怕是日后很长时间都难以弥补的。

孩子与我们的情感培养是需要基础的，与孩子建立深厚的感情，是我们不能放弃的责任，不是说一句"我是你妈妈（爸爸）"就能将我们与孩子紧密联系在一起的，他需要的是我们对他更深层次的情感付出与全身心陪伴。

也就是说，那段美好时光的出现，不是一个必然的程序，不是说时间到了场景自然就有了。与孩子相处的美好时光，不仅要有孩子，也要有我们，全家一起创造才能让这段时光变成真正美好的记忆。

时间本就不留情，一分一秒都停不下来，孩子的成长也是"无情"的，不会因为任何人的不舍而倒退。孩子总是要长大成独立的人的，他总会在某一天不再需要我们的扶持与帮助。就像蒲公英，再怎么不愿意，一阵风吹来，它还是不得不随风抖动身躯，让孩子们远离自己，去寻找更适合它们成长的天地。

所以，不要等孩子已经远离了才想起来要和他好好相处，不要等他已经很难再愿意与我们相依偎了才想要获得他带来的小小的温暖。在他正依赖我们的时候，做他身边最坚实的依靠；在他正需要温情与爱的时候，给他所需要的全部。

留住美好时光，给自己日后留下美好的回忆，其实主动权全握在我们的手里。相信自己，你可以的！加油！

大房子、好车子和好孩子，需要用心选择

当今一些父母有这样的心声："现在就是要多挣钱，以后给孩子买大房子，让他坐好车子。我要努力让孩子享受最好的生活。"之所以会这么想，可能是因为自己小时候经历过不富裕的生活，不希望孩子也如自己那般；也可能是单纯地想要让孩子过好日子，不愿意让他受到委屈。

这也反映了一个现实：大部分年轻父母在为生活奔忙的同时，还要养育孩子。

很多人在这个时候会面临一个选择：是要尽情享受与孩子在一起成长的快乐，还是要抓紧时间为了改善家庭生活而努力工作？

有些人总是用充满功利的眼光去看待这个选择：带孩子的确可以让我们享受快乐，但还是要生活得实际一些，不努力工作就没法赚钱养家，孩子又怎么能获得好生活？更何况，现在孩子还小，陪着他无外乎玩，小孩子没有那么深的记忆，只要有的玩，只要有人陪，不一定非得是我们陪，他应该也能玩得很开心。

从成年人的角度去看，的确是会得出这样的结论，但是从孩子的角度来看，就完全不是这么一回事了。如果在孩子最需要妈妈爸爸陪伴的时候，我们却没有陪伴在孩子身边，不管用怎样正当的借口，都是对孩子的不负责任。重要的是，孩子也

会误解：妈妈爸爸是不是不喜欢我？

我们也会对孩子的这种误解感到头疼，想要辩解，因此我们赚到了钱之后，就会为孩子营造"眼见为实"的好生活。他的玩具会大量增加，衣服、零食也会花样百出，不管他想要什么，我们都一定会满足他。

孩子在看见这些东西的一刹那，眼睛的确会亮一下，好奇心会引发他的暂时关注。但是，你也许已经注意到了，孩子会很快对这些东西失去兴趣，而且非常希望能在你这里找点"事"做。

下面这个例子，我想可能会引起你的共鸣：

妈妈出差回来，给孩子带了一大包玩具，孩子一开始还兴致盎然地在一堆玩具里翻找，玩玩这个，动动那个。不过玩了没一会儿，孩子就离开了这堆玩具，跑到妈妈身边说："妈妈，星期天能和我一起玩吗？"

妈妈摆了摆手说："不行呀，妈妈那天要工作的。"

孩子一听，原本充满期待的眼神和高兴的表情立刻就消失不见了："妈妈，不是不出差了吗？"

"是不出差了啊，可是妈妈工作还很忙啊！"妈妈有些遗憾地说，看着孩子的表情，她也有些不忍，接着她指了指被孩子放在一旁的玩具说，"你看，妈妈不是给你买了那么多玩具吗？你玩着那些玩具，就相当于妈妈在身边了。乖哈！"

孩子噘起了嘴，小声地问："妈妈是不是不喜欢我？"

妈妈一皱眉："怎么会？不喜欢你哪会给你买那么多玩

具？妈妈要是不努力，也就没办法让你好吃好喝还有玩具可玩了。好了，听话，妈妈还忙着，你自己去玩吧！"

孩子默默地离开了，他其实并不那么想要玩具，妈妈能空下一天来和自己一起玩，才是他最期待的事情。

这位妈妈的努力精神值得肯定，但钱是永远挣不完的，孩子的成长时光却是转瞬即逝的。

相比较而言，钱是实在的东西，只要努力就没有挣不到的，就算这一次没有挣到，下一次没准儿就能有突破。可时光是摸不到的，孩子的成长会在我们完全注意不到的时候悄然开始，也许我们能抓住其中的几个阶段，但那些被错过的阶段却是怎样都回不来了。就好比孩子学走路，一旦他学会了走路，最初那个磕磕碰碰却又屡试不怠的样子，就再也看不到了。

想一想，是不是看着孩子从跌跌撞撞到能准确地走过来扑进你的怀里更让你心中充满幸福？所以，如果不需要天天加班也能保证相对较好的物质生活，不妨就享受当下的这种幸福吧！

总有人说，孩子还小呢，他长大的时间长着呢，现在要是不努力挣钱，不先顾着给他准备好生活，又怎么保证他能健康成长？其实努力赚钱和陪孩子一起成长并不冲突，只是我们不要做出太过偏颇的选择——赚钱永远排第一位，陪孩子排第二位（或第三、第四位，把孩子交给别人去陪）。

其实该工作的时候工作，该陪孩子的时候陪孩子，才是更好的选择。而且，把孩子陪好了，他的心理需要得到了满足，也有了更多的快乐与安全感，身心就会健康成长。而我们工作起来也会心无旁骛，卓有成效，可能就会有更多的时间陪孩子，从而实现"用心陪娃—高效工作—再用心陪娃—更高效工作"的良性循环。只要你想这么做，就可以做到的。

以下几点内容，值得细细思考。

首先，厘清什么才是孩子想要的好生活。

把自己的想法强加给别人，是一个坏习惯。总是自以为别人需要什么，就将想法付诸实践并强加于人，可到头来，别人也许并不想要这样的付出。

我们自以为孩子需要好生活，自以为孩子想要大房子、好车子，想要更多的玩具、零食和衣服，自以为只要给了孩子这些，他就生活幸福。可实际上，孩子需要的并不是这些，他更想要爸爸妈妈的陪伴。

因为工作原因，妈妈不得不让才4岁的孩子离开身边3个月，在此期间妈妈不是打电话就是买玩具寄回去。

孩子在老家住着，好吃好喝，也能和妈妈经常联系，听他说话也很开心。

但令妈妈没想到的是，孩子从回到她身边的第一天起，孩子总会在某些时候忽然就回头对着妈妈笑，然后说："妈妈没走，妈妈就在这里。"

妈妈一下子心酸起来。孩子要的很简单，就是陪伴，哪怕没有别的东西，只要有妈妈在身边，他也会觉得开心。

这就是孩子所需要的东西，很纯粹，很简单，爸爸妈妈的陪伴要比任何一种玩具都更能让他感到开心。可有的父母总是顾不到这一点，太过自我地"理解"孩子的需求，自然也就抓不到重点。

孩子想要的生活，都是建立在妈妈爸爸长久陪伴的基础上的，如果缺了这个基础，其他东西再怎么丰富，他也不会真正开心。

所以，了解孩子的需求是最重要的事情，给他需要的东西，而不是塞给他我们觉得好的东西。顺应孩子的需求去生活，不仅他会感觉生活快乐，我们也会感到更轻松、更有奔头。

其次，努力工作，更要努力生活。

要工作还是要照顾孩子，这不是一个二选一的问题，而是一个需要努力协调好的问题。工作不能丢，但家庭生活也要有保障。换句话说，只有努力工作才会有丰厚的回报，如果是金钱回报，那就用这些钱好好经营生活，挣钱是为了让全家人生活得更美好。

生活的美好包括什么？最重要的一点，就是全家都要温馨和谐、相亲相爱地在一起。我们尽可能多地陪在孩子身边看着他成长；他在我们身边感受妈妈爸爸对他的爱，从而勇敢地探索他眼前这个未知的大千世界。

也就是说，我们不要只顾着努力工作而忽略了生活、忽略了孩子的成长。还是那句话，钱是永远赚不完的，不要一心扑在上面，钱应该成为我们生活的好助手，而不是主人。家里有了孩子，生活的重心就应该在孩子身上，不要因小失大、顾此失彼。否则，就得不偿失了。

再次，一定不要缺席孩子的某些重要时刻。

每个人的人生中都有很多重要时刻，就比如我们当初考上大学、找到工作，彼时彼刻，我们也会想要将这些消息与人分享，特别是家人，希望能获得他们的鼓励、称赞与支持。

孩子也有类似的想法，他也希望自己所重视的那些时刻是有妈妈爸爸陪伴的。比如，哪怕是幼儿，当他会走了、会说话了，他虽然还小，也更愿意看到妈妈爸爸因为他的表现而展露出来的笑脸。

我们可以忙碌，不过一定要注意孩子的重要时刻：

第一天上幼儿园；

第一次得到老师的奖励；

第一次交到了好朋友；

第一次独立做好了某件事；

……

对于孩子来说，这些时刻都是值得分享的、值得记忆的。所以，我们也要让这些重要的时刻有一种"仪式感"的呈现。因为生活本身就需要仪式感。

这里所说的重要时刻，"重要"的标准不是我们界定的，而是孩子认为的，是他界定的。那些他想要与我们分享的、想要提醒我们注意的、所谓的"重要"的内容，我们要尽量满足他，对他有一个很好的回应。

这就要求我们在时间上要有灵活的安排，特别是孩子提前通知的事，尽量以孩子的事情为优先，如果实在不行，也要和孩子好好解释，最好有日后补偿。要对孩子所说的事情有一定的关注度，千万不要心不在焉。

当然，在我们看来比较"随意"而在孩子看来却很"重要"的时刻，这个时候，也要尽量回应孩子，跟他有互动。其实陪伴孩子的成长，就是在这种日常的点滴中进行的，孩子心里需要的，我们就满足他。这个过程对我们而言，"成本"很低，产生的"价值"却是无限的。

最后，不要把别人的生活当成自己的理想。

有些时候我们之所以会如此努力，可能是因为别人的"刺激"。看到别的孩子好吃好喝、有了好玩具，看到别的孩子过着锦衣玉食的好生活，所以我们才会那么拼命努力，只为了不让孩子被别的孩子比下去。

但回头想一想，追求着别人的生活，考虑着别人的眼光，结果劳累的是自己，委屈的是自己的孩子。这样的做法是不是有待改进呢？

每个人、每个家庭的生活都不可能与别的人、别的家庭一样，盲目追求可能也不会有如对方那般的好结果。而按照自己和自己家庭的实际情况去生活，为满足自己家庭的需要而工作，这样的生活才更真实。

把孩子交给保姆，你会失去什么

家里请保姆，无外乎两种情况：一种是自己实在忙不过来，不得不请保姆来帮忙；另一种则是自己没有经验，请有经验的保姆能免去很多麻烦。

但是，孩子最为需要的亲情，除了妈妈爸爸，其他人恐怕给不了，即便能给也给不完全。让孩子吃饱穿暖玩得好，谁都能做到，幼儿园老师、熟悉的邻居阿姨、任何一位亲戚朋友，都能给孩子带来基本的生活保障，可是能让他发自内心地感到安全，感到开心，感到自己的存在和成长是有价值的人，只有妈妈爸爸。

孩子未来的成长还需要很长时间，但真正和妈妈爸爸在一起的时间却并不算长，这么宝贵的时间如果全交给了保姆，岂不是损失巨大？

因为这段时间正是孩子要和妈妈爸爸建立最亲密联系的时间，正是他以自我意识来确认妈妈爸爸是他最亲密的人的时间，若此时保姆占据了原本属于我们的位置，那么日后孩子变得和我们不那么亲近，也就在所难免了。更重要的是，一旦失去了这个和孩子加深感情联系的最佳机会，几乎是很难弥补的。日后不管我们用什么办法弥补，都不可能换来孩子的"深情厚谊"了。

有人会说："我拼死拼活地工作，就是为了让家人，特别是让孩子生活得好一点。保姆既然有存在的价值，我不过就是让她发挥价值罢了，孩子既然能得到照顾，我上班也能放心不少。"

但是，我们没办法保证所选的保姆就是一个各方面都很优秀的人，有的保姆如果只是简单地照顾孩子的生活是没问题的，可是却没有好的教育经验，有的保姆甚至用对待宠物一般的态度来对待孩子。孩子接受不到应有的教育，也感受不到应有的温暖，难保他的心理不会因此而扭曲。

也有个别保姆本身素质就不高，只是单纯来赚钱，根本没想着好好照顾孩子，甚至还有虐待孩子的保姆出现，如果将孩子交给这样的人，你放心吗？

还有人认为，有了保姆在家里帮忙，自己一旦闲下来就能和孩子多接触了。保姆会帮助自己做好家里的所有事情，自己只要抓紧在家的时间和孩子一起就好。可是家里的事如果我们什么都不做，孩子就感受不到家庭的责任，难道我们除了工作就是和孩子一起玩吗？孩子会不会因此误认为家庭生活就应该是这样什么都不用操心、什么都可以丢给保姆去做的？特别是在一些富裕家庭中，保姆几乎会把所有事情都包揽过去，这无疑会让孩子养成凡事都不用自己动手、养尊处优等人伺候的坏习惯。

所以，在把孩子交给保姆这个问题上，还是应该再认真考虑一下。

第一，尽量自己照顾家庭。

照顾自己的家庭是每位家庭成员的责任，不管是打理家中老小的吃穿用，还是整理家中各项事务，都应该我们自己去完成。不要总用工作繁忙当借口，即便再繁忙，也应该有处理家中事务的时间。

想想我们的父辈或者更长一辈的老人们，他们年轻时比现在的我们清苦，工作也更劳累，有些家庭有好几个孩子，可他们，不仅工作没有耽误，也把家中上下照顾得妥妥帖帖。他们为什么能做到这一点？是因为他们把照顾家庭当成了自己的责任，所以才能很好地协调工作与家庭的关系。

那么我们自己，有没有把照顾家庭看成自己的责任呢？特别是家有年幼孩子的人，理应向长辈们学习，学着协调工作与生活，用自己的双手为孩子打造他所需要的家庭氛围，而不是让保姆来为生活"增砖添瓦"。

第二，不要用各种借口来逃避教育孩子的责任。

"我不会做""我做不好""我忙得很"……许多人会找这样那样的说辞，来证明自己真的不是照顾和教育孩子的能手，并将此当成找保姆的最佳借口。其实这分明是在逃避自己教育孩子的责任。

教育孩子的确不容易，可是我们还有学习的能力，哪里不会就去学，哪里不懂就去问。别人是不会对我们的孩子上心的，只有我们才是最关心他也最期望他成才的人。

之所以要找借口，还是因为我们没有摆正自己的身份。要知道，孩子生下来不代表就完成任务了，因为养育孩子是一辈子的事情，也是父母最重要的责任。越早认识到这一点，才越能更认真地去看待教育孩子这件事，也才能意识到自己背负的重要责任。所以，不要找任何借口，作为孩子的妈妈爸爸，不管是从道义还是从责任上来说，都没有逃避的理由。

第三，保证我们与孩子之间的绝对亲子关系。

有位妈妈在网上求助问："家里保姆走了，可是孩子不认我了怎么办？"面对这样的询问，恐怕怎样的回答都不会让这位妈妈感到宽心吧，因为这些方法都不过是外人给出的建议，妈妈自己错过了与孩子心灵相连的最佳时间，是很难弥补的。

而且，这样的妈妈很容易对孩子产生愧疚补偿心理，会对孩子有溺爱之心，孩子如果抓住了妈妈这样的心理，就会仰仗着自己受宠而为所欲为。

有的时候，在种种不得已的情况下，只能请保姆来帮忙，但我们也不能做甩手掌柜，有些事一定不能让保姆代替。比如，照看孩子的饮食起居，我们不能假以他人之手；和孩子做游戏、聊天谈心，我们也一定要尽量亲力亲为；给孩子开家长会或者与老师沟通，我们更应该自己去，不能让保姆代替。也就是说，我们要成为最了解孩子的人，而不应该是保姆。

我们可以和保姆分工合作，她帮助整理家务，我们则要将能挤出来的时间都留给孩子。要让孩子在小的时候有一种"有需要就应该找妈妈爸爸"的意识，而不是去找保姆，这样才能保证孩子是和我们心连心的。

第四，尽量不要把孩子完全交给老人带。

再讲一个与"把孩子交给保姆带"相关的道理，就是尽量不要把孩子完全交给双方的老人去带。

当然，老人帮忙带带是可以的，我强调的是不要"完全"交给他们去带。

为什么呢？一是老人难免隔代亲，对孩子过度溺爱；二是如果孩子长时间不跟妈妈爸爸接触，对其身心发展是不利的；三是老人年纪也大了，体力方面可能跟不上；四是老人更注重对孩子的"养"（好吃好喝），而较少对孩子"育"（教育会跟不上，孩子的一些错误、缺点、不足得不到纠正，由着孩子的性子发展）。

所以，如果白天老人带孩子，晚上也要尽量自己带，增加跟孩子交流、互动的机会，多陪伴孩子。

我曾听到一位老人的抱怨，她全权负责带孩子、收拾家务、做饭等，而她的女儿、孩子的妈妈却不上班，一天到晚在家上网玩游戏，已经持续多年。我想这位年轻妈妈的做法就有些过分了，虽然老人不会虐待孩子，但老人实在是太辛苦，而且已经产生不满情绪了，这种不满情绪难免会影响到孩子，恐怕也不会太利于孩子的成长。所以，我们要引以为戒，不要只顾自己轻松，而放弃了对孩子的养育责任。

妈妈回归家庭，是个不错的主意

每个人都想要实现自己的人生价值。很多女性颇为坚强，不管什么样的事情都阻止不了她想要为自己的人生努力奋斗的心。

怀孕生子对于有些女性来说，似乎就已经是耽误时间的事情了，所以当孩子出生之后，她刚刚调养好身体，就会立刻投入到自己被丢下的事业中去，甚至想要在最短的时间里恢复之前工作的状态。为此，有的妈妈全然不顾孩子，只要能让自己的事业重回辉煌或者再创辉煌，其他什么都在所不惜。

做一个坚强的女人，这原本是好事，但是为了自己舍弃孩子，这对孩子是极其不公平的。尤其是在孩子出生后的头几年，对孩子不够亲近或者经常性地远离，势必会将他从妈妈身边推离，也会让妈妈错过他那些关键性的成长。

其实女性的价值在很多方面都能得到体现，不只是工作事业上，如果能成为一位成功的母亲，这对于女性来说也是值得引以为傲的成就。

如果妈妈能将大部分心思都用在孩子身上，用心陪伴，无疑是对孩子最好的教养。也就是说，如果妈妈能够回归家庭，全心全意地对待孩子，做个全职妈妈，也是个不错的选择。哪怕就那么关键的几年也好。

但如果真的做了全职妈妈，和孩子朝夕相处，可能又会有另外的问题出现了。

一位全职妈妈就有这样的烦恼：自从怀孕，她就辞职在家安心待产，等到孩子出生之后，她每日都专心照料孩子。现在孩子已经快两岁了，但她的身份依然是全职妈妈。

可是，她却发现周围做全职妈妈的人很少，因此也没有什么人能和她交流做全职妈妈的经验，自然也没人为她在这个过程中产生的问题答疑解惑。而且，时间久了，她因为全身心都在孩子身上，接触的事物也少，似乎越来越脱离社会。

照顾孩子并不是件轻省的事情，她总是将自己搞得很累，而周围很多人也觉得她对孩子没必要这样精心，粗着些养育对孩子才更好，太精细的养育反而会害了孩子。她也因为照顾孩子而忽略了对自己的打理，头发随便一绑，衣服也随便穿，早就没了当初精干、漂亮的样子。

这下她自己也迷惑了：做全职妈妈到底是不是正确的选择呢？

成为全职妈妈的妈妈，都是勇敢且用心的人。放下一切去照顾孩子，这是无私的母爱才能体现出来的伟大。

对于孩子来说，全职妈妈更顺应他的"心意"，因为妈妈不会有其他心思，会更仔细、更精心地照顾孩子，不管是衣食住行还是知识能力、品德教育，都能花更多的心思去照顾和引导。

而且，相信每位妈妈在怀孕时都会了解时下的教育思想理念，也都会或多或少地学习一些教育常识。全职妈妈不管是在喂养还是教育方面，都能跟得上时代需求，这对于提升孩子的身体和智能发展将会更为有利。

最让孩子感到开心的事就是妈妈能全天陪伴在他的身边，和他一起做自己想做的事，与他交流，能够回应他的各种需求，这无疑对保证孩子身心健康起到了积极的作用，也会让妈妈与孩子之间的亲子关系变得更为紧密。

对于孩子来说，当妈妈能经常在自己身边陪伴时，他将会有更强的安全感、幸福感、自信心、探索精神……就算偶尔有妈妈不在身边的情况，也只是短暂的。孩子会比较容易对妈妈产生信任感，对一些日常生活中的变化也更有理解力和接纳力。

而对于妈妈来说，陪着孩子一起成长这样的事情是幸福的，孩子的每一个第一次都是弥足珍贵的：

第一次微笑；

第一次叫妈妈；

第一次走路；

第一次自己吃饭；

第一次自己解决大小便；

……

这些瞬间，如果妈妈都能亲身经历，更能对生命的神奇有更深刻的感悟，也更能体会到养育孩子的快乐。

当然，前面那位妈妈所遇到的问题也是不能否认的，全职妈妈也存在一些弊端。当妈妈长时间待在家里，长时间自己一个人面对孩子，生活可能就会显得枯燥，视野也可能会变得狭窄。如果一直处于这样一种情况，就比较容易产生负面情绪。

这是结果，而造成这种结果的原因是什么呢？

全职妈妈因为将全部身心都投入到养育孩子上，对其他事情也就不那么关心，就容易和社会脱节，尤其是与同龄人相处时，全职妈妈因为"孤陋寡闻"，可能就会与人搭不上话，这也会导致一些全职妈妈产生自卑甚至抑郁的心理。

而对于整个家庭来说，原本的双薪家庭变成了单薪家庭，养育孩子的开销巨大，尤其是对于普通家庭来说，经济压力骤增，爸爸身上担负的养家任务也会更加艰巨。

不过这些问题也是能克服的，想到全职妈妈对养育孩子的好处，你也应该有信心，及时转换心情，想办法解决问题，做一个幸福的全职妈妈。

第一，专心做好自己。

如果要做全职妈妈，最好是以自己的意志去决定，不要被他人的任何言语轻易左右。而一旦是自己主动下的决定，那就不要再左思右想顾虑重重了，专心做妈妈就好。

不管怎样，都应该尽量保持良好的心态，多想想自己是孩子最喜欢的妈妈，多想想可以在孩子身上发现更多的惊喜。同时，也不要总是一个人对着孩子，如果家中的其他人有时间，也可以让他们帮忙照顾孩子，自己闲下来的时间也可以做一些能让心情放松的事情，以减少内心的压力。

如果内心有了情绪，可以和家人多商量，同辈人会从朋友的角度来帮你放宽心，而长辈则会用自己的经验来为你解答某些疑惑。

第二，扩大自己身边的朋友圈。

成了全职妈妈，并不意味着生活圈子就此缩小了，你完全可以继续保持甚至扩大自己的朋友圈。

说保持，就是在怀孕生子之前你的朋友圈子，如果没有什么特殊原因，完全可以保持下去。如果是真朋友，理应会关心你的情况，有时候你还可以把自己和孩子身边发生的趣事与大家分享。

至于说扩大，也可以找找和自己同为全职妈妈的人，不管是现实生活中的还是网络世界中的，可以和这些人多一些交流。即便对方不是全职妈妈，同为妈妈，尤其是与自己的孩子同龄的宝宝的妈妈，你们彼此也会有更多可以说的话题。若是遇到非常投缘的人，不仅你们可以成为好朋友，孩子们没准儿也会建立起深厚的友谊。

　　当你有了这样热闹的朋友圈子时，生活哪里还会无聊呢？不管是通过各种方式聊天，还是凑在一起参加一些活动，都能让自己感受到不一样的快乐。

　　你也可以经常带着孩子参加一些活动，这样不仅使孩子能通过各项活动体会到快乐，你也能在活动过程中结识更多的妈妈，这无疑又是扩大交际圈的一个好机会。

　　第三，通过多种渠道跟上社会的脚步。

　　虽然成了全职妈妈，可你的世界不能也被局限在家中。

　　平时在不影响与孩子互动的时间里，在孩子睡觉时，可以看看自己喜欢的电视节目，或者上上网翻看一些最新消息。多了解社会，平时也要多向孩子的爸爸了解外面的世界，有机会就结交更多的朋友。还可以培养自己的兴趣爱好，通过学习充实自己、提升自我。

　　不要总窝在家里，一定要找机会带着孩子一起走出家门，不仅会让孩子大开眼界，自己也将有更多的收获。尤其是之前没有机会去做的事情，现在有了时间，若能和孩子一起做，应该会别有一番滋味。

用各种方式记录下孩子的成长过程

孩子的成长就是时间在他身上跑过的轨迹，眨几下眼睛，孩子可能就已经发生变化了，几天不见，他的身上就已经有了我们意想不到的发展。孩子成长过程中的种种变化几乎可以用"瞬息万变"来描述。

既然是"瞬息"，那也就意味着孩子的很多成长变化都是一瞬而过的，若我们不曾在意，孩子人生中的那些重要时刻可能就会在不经意间消散。

所以，我们需要用各种方式将孩子的成长过程记录下来，将孩子的诸多重要时刻保留下来。

有很多方法都可以将孩子的成长过程记录下来。

比如，日记。

日记是最原始的一种记录方式，通过文字将场景描述记录下来，这种描述可以加入心情感受，加入思想分析，会让一段记忆变得更加立体，读来也更加耐人寻味。而且，写日记不需要太好的文笔，只要认真记录自己的所见所闻所想就好。

孩子身上发生的点点滴滴，如果我们能认真记录下来，将来等孩子长大，再拿出来给他看，不仅会勾起他的回忆，特别是他没有明确记忆的那些事情，还能给他带去一些惊喜和意想不到的快乐。

直接用手写的日记是最好的，一笔一画亲笔记录的内容，会让孩子感觉自己是被爱的。特别是有些妈妈在写日记的时候还会有感而发，说出自己在某些事情发生时候的心情，这样孩子会与妈妈当时的感受心灵相通，更能体会到妈妈的爱。如果是一些很重要的事情，孩子也能感受到妈妈当时的心情，也许会唤起他对妈妈更深层次的爱。有些妈妈还颇具有艺术气息，会使用不同颜色的笔，会在本子上加入小绘画，这就更增添了日记的可读性，会给孩子留下更美好的回忆。

当然了，现在科技发达，日记不一定非要用手写了，在电脑上甚至手机上都能将自己的心情记录下来。所以，也可以选择随时随地都能记录的"电子日志"，记录起来会更方便、更快捷。而且，电子日志的保存不占用现实空间，只要有网络，只要不是自己主动删除，就能更长久地保存，孩子也随时都能调出来翻看。

又如，照片。

相较于文字，照片会更直观，哭着的、笑着的，跑着的、跳着的，孩子的各种动作表情都能在一瞬间被定格，从而成为永恒的记忆。

可以买一部质量较好的相机，拍出上乘的照片，可以把电子照片分时分类保存起来，也可以选一部分照片洗出来，按照孩子的成长轨迹做成他的成长记录册，从小小的一团到慢慢会坐、会爬、会走、会跑，个子一点点长大，样子一点点变化，这种看着自己长大的过程对孩子来说也是一种很神奇的经历。

如果能在照片上再配上简单的文字解说就更好了，一来可以解释当时发生的情况，二来也可以加入一些小小的感想，让照片内容也变得生动起来。

除了相机，现在的手机也有很好的拍照功能，而且与相机相比，手机更具有灵活性与便携性，随时随地都能捕捉到孩子成长过程的点滴。不过需要注意的是，不要总拿着手机翻看使用，否则会引起孩子的好奇，他也会将注意力转移到手机上，而不是那些照片中。

再如，视频。

除了日记、照片，视频也是记录孩子成长的不错的手段，而且相较来说，视频应该是最能再现过去的一种手段了。把孩子的每一次瞬间都记录下来，点击播放就能将过去的快乐重新播放一遍，这会让记忆活起来，也能让孩子对自己的过去记得更清晰。

录制视频的时候最好是抓录或者是在孩子不注意的时候去录，否则年幼的孩子可能会对这个给他录像的相机非常感兴趣，而不再进行其原本的活动了。而且，有的孩子一旦知道在录像，就会变得不那么自然，也会刻意去表现，这就体现不出自然记录了。当然，特殊情形除外。比如有的4~6岁孩子，可能会比较有意识地做一些事情，他非常希望我们给他录下来，在录的过程中，他反而更加专注、认真。甚至有的大一点的孩子，已经会找准方位、架设相机给自己录像了，一边动手制作或者玩游戏，还一边头头是道地讲解、念念有词……不妨就依了孩子，做一些类似的"记录"。

如果有条件，上述几种记录方式混合使用自然更好，通过不同方式将孩子所有值得记忆的瞬间都记录下来，一点细节也不遗漏。

　　比如，同一个场景，用不同的方式分别记录，文字写出来的是内容感想，照片或者视频记录的则是当时的真实情况，事后相互结合来看，就会对当时的场景有一个较为完整的回忆，当时的快乐气氛也就能重新充满内心。

　　还是那句话，孩子的成长过程瞬息万变，虽然不用每天都去记录他的变化，但是在一些较为特殊的时刻，将孩子的成长片段记录下来，不管是对孩子还是对我们，都是一份美好的回忆。

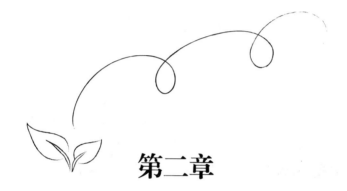

第二章
从婴儿期起建立亲密的亲子关系

很多人都会在孩子长大之后才担忧亲子关系为什么这么不和谐，其实这个不和谐的根源存在于婴儿时期。要想和孩子拥有良好的亲子关系，我们需要从他还是婴儿时，就开始与他建立起良好的情感联系，从而让这段关系能日渐根深蒂固。

孩子哭了，要不要去抱

孩子哭了，特别是对于处在婴儿期的宝贝来说，该不该抱一下？通常，人们对这件事有两种看法：一种观点认为，孩子哭是锻炼肺活量，是在活动，不用抱，抱了之后孩子就会产生依赖，总想让人抱着；另一种观点认为，哭是孩子有需求，要满足孩子的需求，要以孩子的感受为主。那么，这两种说法到底哪种更合理呢？

如果是处在婴儿期的孩子，他不能用语言来表达自己的想法和要求，此时，哭是他与外界唯一的沟通方式。他一哭，证明他此时需要父母的照顾，我们要第一时间对他的哭声做出回应，这也是婴儿建立安全感的第一个重要阶段。他明白，在他感觉到不舒服的时候，身边是有一个温暖的依靠的。

从妈妈孕育胎儿的那一刻起，胎儿的身心就和妈妈是一体的。就像这个小宝贝一样，她在妈妈的肚子里已经待了快10个月了，妈妈的子宫那么温暖舒适，妈妈的喜怒哀乐她也能真切地感觉到，此时，她们是一体的。

但是，突然有一天，她的身体被一股强大的力量推动，在艰难地通过了一条黑暗、潮湿和紧压的通道之后，她来到了一个刺眼的、冰冷的世界。她的手脚试着去触碰妈妈，却没有得到那温暖而柔软的回应。她感觉非常恐惧和不安，这到底是怎么了？此刻，她最需要的就是安全感和一份依靠。

她的身体离开了妈妈，可是心还在妈妈身上。她需要妈妈能够随时随地、全身心地感受到她的需要，并能及时满足她。在她漫长的成长过程中，此时是建立安全感的第一步，她必须从妈妈身上获取充分的归属感和安全感，来奠定自己一生安全感的基础，这是一个生命必须奠定的基石。

所有的孩子在出生到大约3岁这个时间段内，都会非常迫切地希望从妈妈身上获取爱的能量，妈妈无条件的爱让他感觉到踏实和满足。这就是幼儿为什么特别需要父母尤其是妈妈的拥抱。他们试图用这种方式来找到自己和父母的联结，为自己的内心建立第一安全感，蓄积成长与独立的力量。

当孩子在父母那里获取了这种安全的力量，他就会比较有自信，因为安全感已经建立在他的内心，他不再渴求从别人那里获取，也不会再摇摆不定。他的性情会更稳定、愉悦。

当孩子还是个小婴儿时，饿了、渴了、尿湿或者生病的时候，都会用哭声来提醒妈妈。此时妈妈就要及时上前查看，是不是孩子觉得哪里不舒服。

如果排除了这些现象，那就是孩子躺着腻味了，想念妈妈的怀抱了，此时，妈妈不妨满足一下孩子的心理需求，抱起来哄一哄他，等他感到心理得到了满足，自然就会又恢复往日乖宝宝的模样。

当孩子为了表达自己的需求而哭泣的时候，妈妈如果放任不管，就会发现他哭一段时间后，声音就会越来越微弱。此时，你也许认为孩子的忍耐力在提高，实际上他是发现自己的需求没有被重视，选择将想法隐藏，这种状况对于孩子的性格养成是非常不利的。

因此，对孩子给出的"信号"，妈妈要及时回应。有时哪怕手头正忙着，一时走不开，我们也要大声对他说："宝宝怎么了？想妈妈了吗？妈妈这就来了。"听到妈妈的声音，孩子的哭声就会停一下，如果妈妈及时赶到并解决了他的难题，他就会变得十分开心。你的及时出现，让宝宝觉得舒适又安心，当他会笑的时候，他会用一个甜美的笑脸来回报你的辛劳。

当妈妈抱起孩子放在胸前，他听着妈妈的心跳，就像还是胎儿时在妈妈肚子中听到的那样，这是他最熟悉的声音，他就会感到安全并安静下来。

正确的安抚方式不会对孩子造成心理上的依赖，及时给予孩子正常需求的关爱不仅不会对他有害，还会让他感到心情愉悦，也有利于他养成健康开朗的性格。为了培养所谓的"独立性"就忽略孩子正常的心理需求，是非常不当的陪伴方式，千万不要这样选择。

可是在实际生活中，有的妈妈却走向极端，只要孩子一哭立马就抱起来，这也是不妥的。在抱起之前，一定要分辨孩子到底是为什么哭，才能缓解孩子的不适。本来孩子尿湿了，你却抱着他一个劲地来回晃，他只会越哭越凶，最后你还很委屈："我抱他了啊！他怎么还哭？"要及时回应孩子的需求，第一步是看清孩子的需求，而不是把抱抱当作安抚孩子的手段"滥用"。

而对于稍微大一点的孩子来说，拥抱的意义也是非常大的。

有个3岁男孩刚上幼儿园，老师发现这个小家伙很有意思，经常会说出一些令老师都感到吃惊的话。

一天，他不知为何看起来有些不开心，还没等老师开口，他就径直走到老师面前说："老师，我感觉有些不开心，我需要您抱一抱我。"

老师感到又吃惊又好笑，不过她还是给了他一个大大的拥抱。得到了拥抱的男孩心满意足地走了，一天情绪都非常好。

不少成年人在面对孩子如此直白地表达自己的感受、叙述自己的需求时，总是觉得有些不好意思。因为我们已经习惯了在外人面前隐藏我们的真实感受。而我们有时对自己的需求也有些"难以启齿"，我们会衡量自己的需求会不会对他人造成麻烦，会不会遭到拒绝，总之，成人总会顾虑重重。

男孩有直接表达自己内心需要的勇气，可见他从小受到了比较好的培育。

在一些家庭中，父母打着一些训练孩子"独立性"的名义，不顾孩子内心的感受，强行把孩子从身边推开，认为这是在培养孩子的独立性，其实不然。越是注意孩子的内心感受，并及时回应孩子的需求，给孩子拥抱、信任和鼓励的家庭，越可以培养出独立自信的孩子。

相反，那些一味追求表面独立性的父母，更容易养育出唯唯诺诺、依赖黏人的孩子。这是因为，孩子在最应该得到安慰和爱的时候，感受不到最亲的人对他的爱意和接纳，反而被父母推得更远。在这样的环境中长大的孩子，没有自信，没有安全感，容易对外面的世界产生恐惧和抵触心理。此时，如果父母再把他和别的孩子做比较，用一些难听的话语来刺激他，恐怕他会变得更加胆小、怯懦。

其实，孩子要求的并不多，当孩子有负面情绪时，也许父母一个鼓励和理解的眼神、一个表达爱意的拥抱，就可以让孩子得到满足。一个心理得到满足的孩子，一个获得了安全保障的孩子，是没有理由大哭大叫的。

如果孩子大哭大叫的时候，父母也同时陷入了情绪的低谷，对孩子又打又骂，此时，一家人就陷入了难以控制的情绪旋涡中。也许是孩子的行为太让你难堪，也许是他触动了你内心深处难以自控的情绪，但无论如何，请你相信，孩子真实的需求只有那么一点点，就是父母的爱与接纳。

当你再次遇到这样的事情时，可以试着换一个角度来考虑，要让自己从类似下面这些不良情绪中走出来：

他真让我丢脸！

连他都敢这样对我！

这个模样像他爸爸（妈妈）一样，让人难以忍受！

这种感觉又让我想起了……

……

走出坏情绪，真实地体会一下孩子的需求，蹲下来，用微笑的眼神、温和的话语去安慰他，伸出充满爱意的双手去拥抱他，也许你会发现，这将如有"神"助一般，竟然这么迅速就

"搞定"了一个难缠的小家伙。同时，你也能体验到控制自我的胜利感，不出意外的话，你会发现，从那以后，孩子的"无理"哭闹会越来越少。毕竟，当一个人的基本情绪需求被满足的时候，他的心情是愉悦的，他开心还来不及，怎么还会去哭闹呢？

所以，对于孩子哭了要不要抱他这个问题，最终还是需要妈妈爸爸去细心体悟，孩子不同，出现的问题也各不相同。但一个总的原则就是：遇到任何情况，都别忘了给孩子爱与理解，让孩子感受到你对他的爱与接纳，这比什么都重要！

母乳喂养，是妈妈给孩子的第一件礼物

关于"要不要进行母乳喂养"这个问题，孕妈妈们的态度向来是被分成两派的，一派当然是很肯定母乳喂养，认为母乳是最合适的营养；而另一派，自然是很直接地拒绝母乳喂养的，她们认为母乳喂养会影响自己身材的恢复，甚至会让身材走样。

世界卫生组织（WHO）建议，在婴儿出生后6个月内应该进行纯母乳喂养，在6个月后可以进行母乳结合其他适当食物喂养，这样的喂养方式可以持续到孩子两岁甚至两岁以上。但根据我国原国家卫生和计划生育委员会2014年的统计数据显示，我国0~6个月婴儿的纯母乳喂养率仅为27.8%，城市中的纯母乳喂养率更低至15.8%，远远低于38%的国际平均水平。

而很多新妈妈对母乳喂养的咨询，也无外乎都是带着"会不会影响身材""对工作又会带来哪些影响"这样的疑问去的。从这些疑问来看，新妈妈们似乎都是从自己的角度去考虑母乳喂养这件事的，却从来没想过，孩子这个母乳的主要需求者的需求是什么，如果他没有了母乳又会有怎样的感受，而他的身体对母乳的渴求会不会导致他不好好吃其他食物。

　　事实上，对孩子来说，母乳是任何营养品都无法替代的食物，正所谓"金水银水不如妈妈的奶水"；而对于妈妈来说，母乳喂养不仅不会影响身材，反而会帮助恢复身材。

　　研究表明，母乳营养丰富，易于消化吸收，更有利于婴儿的健康成长，尤其是初乳，也就是产后两天到三天内分泌的乳汁，含有婴儿所需要的丰富的营养，而这种营养是任何乳制品都无法替代的。

　　母乳中包含的乳铁蛋白、蛋白质、脂肪、维生素等营养素，配比最为恰当，非常适合 6 个月以下婴儿的生长发育需要。母乳中的脂肪酸和牛磺酸，有利于婴儿的脑部发育。而且母乳中富含多种免疫因子，可以增强婴儿的免疫力，减少并预防许多婴幼儿疾病的发生。

　　而且，母乳喂养并不会让身材走样，相反，正是因为有了母乳喂养，才能让妈妈们的身材恢复得更快。

　　因为在怀孕时，妈妈的身体蓄积了大量脂肪，生产后这些脂肪不会一下消失，但如果是母乳喂养，身体每天就要消耗大量的热量来制造乳汁，这样一来，这些脂肪自然而然地就被"用"掉了，因此身材的恢复速度也会比单纯依靠节食来减肥快许多了。

不仅如此，母乳喂养还会帮助妈妈降低患乳腺癌、卵巢癌等疾病的概率。研究表明，与从未有过哺乳经历的女性相比，哺乳期超过 25 个月的妈妈患乳腺癌的概率要减少 1/3。

母乳喂养经济、方便、省时，是名副其实的"随吃随有"，非常适合婴儿少食多餐的需要。同时，母乳干净安全，再也没有比这样的食物更让人放心的了。

更重要的是，母乳喂养可以促进母亲与婴儿的情感交流，可以促进婴儿心理的正常发育。妈妈通过婴儿吮吸时的刺激，可以产生对孩子的疼爱之情，而婴儿在吮吸母乳过程中，和妈妈肌肤相触，感受妈妈带来的温暖与亲近，这会给他带来安全感，也会让他感到开心。在哺乳的过程中，母子之间的情感连接会不断地升华。

不过，有些妈妈可能不会这么想，比如，有的妈妈想要快速回归工作岗位，如果要母乳喂养，就没法将全部精力都集中到工作上去了，为了事业，妈妈也会选择早早给孩子断奶。

其实这时候，妈妈也可以选择成为"背奶一族"，将奶水保存下来，在孩子需要的时候由其他人喂给孩子喝。

总之就是，只要有条件，就要让婴儿以母乳为主要食物。

为了能给孩子健康的母乳，妈妈在饮食上要格外注意，多食用易消化吸收的食物，多吃蔬菜水果，荤素搭配，营养均衡。另外也要注意身体健康，生病了不要盲目或者随自己以前的经验乱吃药，药品更是要咨询过医生后再吃。

要蹲下来，才能明白孩子的视角

带着孩子出门逛街时，你可能会有类似的经历：不管是一两三岁的孩子还是四五岁的孩子，走不了一会儿他都会表示"抗议"，小一点的孩子会要求抱抱，大一点的孩子则会不断地挑战我们的忍耐性，自己四处跑，去寻找更感兴趣的东西。

为什么？你可能觉得，出来逛着玩难道还不高兴吗？怎么还总是要抱着，要不就总是不听话地四处跑呢？这个"高兴"的情绪恐怕是针对我们自己的感受来说的吧。我们是成年人，看得到绝大部分可看的东西，就拿逛商场来说，几乎所有的货物都是我们看得见、摸得着的，我们当然不会觉得枯燥。

可是孩子就不一样了，对于两三岁的孩子来说，他所能看见的最多的东西就是人腿和货架子，即便是四五岁的孩子，他所看到的也不过是一堆堆衣服和成年人的肚子或者大腿，这样的"景色"又怎么能吸引好奇心强大的孩子？小一点的孩子自主能力不够强，所以才会要求抱抱，这样他的视线水平就会提升，也许会看到更多的东西。而大孩子们就不同了，他们有了一定的自主行动能力，自然是要去寻找自己想看、想玩的东西了。

当孩子出现这样一些举止时，其实就意味着我们忽略了孩子的感受。

若想看到孩子眼中的世界，其实并不需要什么特别复杂的技巧，只要蹲下来就可以了。和孩子在一起，就要用与他的视线平行的视角，这样才能看得到他眼中的世界，才能知道他为什么哭、为什么笑，对他的情绪感同身受。

虽然这个动作并不难，但我们却总是会忽略，因为我们已经习惯了站得高高的，认为孩子是一个弱小的存在，对他也会有一种看轻的心态，总是认为自己的所作所为、看法想法才是正确的。所以，我们应该改变想法，换位思考，看看孩子想要的到底是什么。

首先，主动地蹲下来，而不是被逼无奈地烦躁一蹲。

主动蹲在孩子面前，是孩子所期待的事情，他也不是那么喜欢仰视的，当我们主动降低姿态和他在一起时，他会感到放松，也会更自然地把心里话表达出来。

有时我们虽然也蹲了下来，但却是被逼迫的。比如孩子哭闹不止，总是这也不如意那也不顺心的样子，会让我们感到烦躁无比，在百般无奈的情况下，我们不得不变换姿势来应对孩子的"胡闹"。可我们虽然蹲下来了，态度却很差，这样的烦躁一蹲，孩子哪里还敢再有其他的表示？

其次，蹲下来是要了解孩子，而不是对着他发泄自己的情绪。

蹲下来是要做什么？当然是去了解孩子，是用他的视角去看待周围的一切，以便更接近他的想法，并体会他的感受。

但是，有相当一部分父母蹲下来却只是为了更直接地向孩子发泄自己的不满情绪。尤其是在孩子做了错事的时候，父母蹲下来的训斥只会让孩子感到难堪，有的父母还要求孩子看着自己的眼睛，这种"无所遁形"的感觉，孩子其实是很难应付的。

不要等着孩子做错了才蹲下来训斥他，而应该在之前就蹲下来了解他，提前发现他的不足，预知错误从而避免错误，总要比他犯了错误之后再提醒他改正要好一些。而且，平时心平气和地蹲下来，和孩子好好地说话，对他的了解也会更自然、深入。

最后，降低的是视角，而不是我们的身份和思想。

很多人误以为，自己蹲下来就会和孩子变得一样幼稚。其实蹲下来只是让自己的视角和孩子的齐平，是要我们用更成熟的思考去看待孩子所面对的世界，以更好地理解他的想法。并不是让我们把自己的言行思想也降到和孩子一样的幼稚程度。

有些妈妈一蹲下来就变成了"大孩子"，说话行事都变得和孩子一样了，甚至连思想都发生了变化。这并不是好现象，孩子有的是同龄的小伙伴，我们装成他的小伙伴并不那么合适。他其实更需要我们的理解，更需要我们能站在他的角度去为他考虑。所以这时候，我们保留成年人的思维是有必要的，而我们包容的爱与温暖也能让孩子感到更放松。

蹲下来是一种态度，也是和孩子亲近的好方式之一。

当然了，蹲下来也不单纯地指蹲下这个动作，我们应该记住要时刻站在孩子的角度去看问题，只有理解了孩子，我们对他的付出才是他最需要的，这样的爱才更有分量。

不做"亲密的平行线"

先来看一位妈妈的"抱怨"与进一步的发现和反思：

孩子被称为家里的"用纸大户"，家中的抽纸用得非常快。除了帮他擦手、擦身上各处弄脏的地方，他总会平白无故地浪费抽纸。经常一不留心，他就已经从纸包里抽出了两三张。

我们总是在他刚把纸抽出来的时候就拦下他的动作，从他手中夺回抽纸，同时开始训斥他，觉得他是在捣乱，是在浪费。可孩子却似乎不在意这样的训斥，或者说，对这个训斥表现出了疑惑和不理解。

后来有一天，我看到孩子又一次抽出了两张纸，不过这次我决定看看他到底想干什么。我以为他会撕着玩，但他却蹲在地上，用纸擦起了地面，而擦完地的纸他竟然也好好地将其丢进了垃圾桶。至于另一张纸，则被他拿来擦了手和脸，尽管他的脸干干净净的，没有口水也没有食物残渣，可他还是认认真真地擦了一遍，然后才心满意足地把擦完的纸揉成团，也丢进了垃圾桶。

我仔细想了想，孩子擦地、擦脸的动作是在模仿家里人，他在用自己的方式学习，而且他学的是好习惯。而我们，一边阻拦他学习，一边却还在他面前做着他想要学的动作，这的确会引起他的疑惑。在那一瞬间，我觉得我们这些成年人变成了一条和孩子平行的线，虽然打着"教育孩子"的旗号，但却很少真正了解他的行为与需要，所以不停地误解他，也在不停地对他进行着错误的干涉。

说白了，犯下这样的错误，还是出于我们对孩子的不理解。孩子想要做什么，他想了些什么，他有什么原因，我们都没有用心去了解，甚至都没想到要去了解。

就拿"抽纸事件"来说，我们只是从自己的角度出发，认为孩子的表现是捣乱、浪费，可孩子的实际行为却给出了完全不同的"解释"。

我们的教育有错吗？应该没有。孩子有错吗？也没有。我们与他，果然也就像平行线，不管靠得多紧密，却始终没有交集。

不过要认真分析起来，这错还是在我们，孩子只是很真实地将自己的情绪、态度、需求表现了出来，只不过是我们不了解罢了。

我们理解错误，或者说压根儿也没真正地好好去理解孩子，反倒只是感觉孩子有问题。而对于孩子的要求，我们也总觉得都是微不足道的。如此一来，孩子想要的得不到，我们给他的他又不一定需要，没有交集的生活和教育，又怎么可能令双方都安心？

孩子的生活处在一个频道，那个频道单纯、直接，让孩子可以真实地感受自己的需求，并且毫无隐晦地将其表现出来。在孩子的这个频道里，任何一件小事都可能成为重要的存在，他不仅自己会关心，也希望我们能和他一样关心。

而我们明显生活在另一个频道，这个频道有固有的社会规则，利益需求似乎决定了一切，世俗观念也能轻易左右我们的判断。重点是，对于孩子看重的一切，我们却总是习惯用利益的眼光去衡量，总是觉得孩子在和我们对着干。

其实，要解决这个矛盾很简单，就是调一下频率，让两个频道合二为一。孩子需要的是我们高质量的陪伴，他希望我们能和他有更深层次的心灵联结。而所谓高质量的陪伴，无非就是我们放下自己，真正从内心去感受孩子的需求，并为此付诸行动。

那么，怎么"调频"才合适呢？

第一，体谅孩子的"少见多怪"。

几乎所有孩子都有"少见多怪"这个特性，孩子会因为接触到一个之前没碰到过的事物而变得很惊讶，甚至很惊喜。可对于他的这种表现，有的妈妈却反应平淡，或者嘲笑孩子。

我们是成年人，见过的事物自然要比孩子见过的多，孩子才刚开始他的人生，见识少也不是他的错，我们何必用成年人的标准来衡量孩子呢？正因为见得少，所以他才要努力接触大千世界，正因为不认识的东西多，所以他才会对所有他不能掌握的事物表现出惊奇。这个时候我们要有耐心，也要加以体谅，最好是和他一起感受，顺应他的情感需要。

第二，尊重孩子的每一次"小题大做"。

有些小事我们不在意，但孩子却会将其看成大事，在我们看来，孩子的表现难免有些"小题大做"。但这个小题大做是应该的，正是经历了这样的过程，孩子才能意识到不同事情的发生和处理方式都是怎样的，如果孩子能认真对待每一件事，那么他的经历也会越来越丰富。

我们只需要理智且耐心地应对，不管事情多小，只要孩子认真地在做，我们就要做个好的陪伴者，配合他的行动，回应他的互动需求，理解他的感受，必要时也要和他分享心情。

第三，**允许孩子进行"自我建设"**。

每个孩子都应该成长为独特的自己，他的成长过程就是他进行自我建设的过程，所以我们才要顺应他的成长，而不能强迫他顺应我们的要求。也就是说，即便要"调频"，也应该是我们去调整，孩子只要保持自然成长的状态就好。

否则，如果我们用成人世界的规则干扰孩子，强迫他接受我们的安排，在我们的授意下去做某些事情，就可能会引导孩子进入复制成人生命的过程。

孩子的成长应该是独立的，不能依附在我们身上，他完全可以创造更美好的人生，所以不要太强势地干涉他。在孩子6岁前，只要在安全的范围内，只要不违背基本的道德原则，我们就尽可能顺应孩子的心理，允许他自由成长，给他一个完整成长的机会。

在适当的年龄，锻炼孩子的自理能力

有的妈妈把自己比喻成全职保姆，对孩子无微不至地照顾，不管什么时候都为他考虑周到，也为他准备周到。虽然听着"全职保姆"这样的称呼满是抱怨感，但其中那种虽无奈但也满足的心理，却也是只有身为妈妈的人才能理解的。

妈妈是这个世界上与孩子最亲近的人。作为孩子的妈妈，即便你什么特殊的事情都不做，孩子也会毫无保留地喜欢你、信任你。而面对孩子的这最纯真的喜爱，妈妈往往"招架不住"，即便要任劳任怨地"伺候"孩子，也会心甘情愿。

但是有的妈妈却心甘情愿得过了头，会一直都对孩子嘘寒问暖、一手包办，也不管孩子是不是已经长大了。

来看这位妈妈对自己生活的描述：

孩子已经上一年级了，不过在我看来他还是个小孩子，才6岁而已，很多事我也不放心让他自己做，而且他从小到现在的很多事都是我一手操办的，所以他基本也什么都不会做。

我觉得孩子上学也是一件辛苦的事，为了让孩子能安心上学，我和他爸爸做好了分工。就拿晚上来说，孩子写作业，写完之后我负责收拾书包，他爸爸帮他洗脸、洗脚。

如果是早上，我准备好早饭，一口一口喂给孩子吃，他爸爸就帮他穿衣服。

我们俩轮班送孩子上学，每次都是送完再去上班。

这白天要工作，晚上还要伺候孩子，休息日更是把孩子的所有事都包揽过来，说实在的，一天下来，也真是累得要死。

不得不说这也真是一位"尽心尽力"的妈妈，对孩子的照顾可谓事无巨细。可是这不一定是孩子想要的，而且也绝对不是他的成长所需要的。

南宋大儒朱熹在《童蒙须知》开篇序言便讲，"夫童蒙之学，始于衣服冠履，次及言语步趋，次及洒扫涓洁，次及读书写文字，及有杂细事宜，皆所当知"。意思就是，孩子的启蒙教育，应该是从穿衣戴帽开始的，然后是言行举止、洒扫清洁，再然后是读书写字，以及其他各种杂事，这些都是孩子要学的内容。古人尚且明了，教育孩子不能只教他死读书，而是要从培养他的生活自理能力开始。更何况，古时候的孩子，学了自理能力可不仅仅只是为了自理，而是要用来照顾长辈的，这也是对长辈有孝心敬行的重要体现。

而现如今，人们的生活条件远优于古人，孩子早已没有了先自理再去侍奉长辈的观念和表现，这不能不说是一种悲哀。古人讲求"修身、齐家、治国、平天下"，修身被放在首位，我们又怎么能就此忽略孩子自理能力的培养呢？

具备自理能力是一个人能生存下去的最基本条件，先好好地生活，才能有余力去做其他的事情。孩子的自理能力应该从小就开始培养，否则一旦错过最佳的培养时期，日后孩子会习惯于依赖，甚至放弃依靠自我而生存的想法。

有人说，"孩子还那么小"，言下之意就是，那么小的孩子不适合自己做事，帮助他也是理所应当的，即便替他做好一切，也不能算错。毕竟自己是孩子的父母，是他可以信任和依赖的人。

在我看来，这样的想法还是有待商榷的。

当然，在孩子还小的时候，给予他无微不至的关怀与帮助是没问题的，因为那时的他不太具有自我意识，也没有照顾自己的能力，但是当他慢慢长大之后，我们如果还不肯放手，就有些帮倒忙了。

一些被誉为"天才""神童"的少年大学生只是成绩很好而已，但因为缺乏自理能力，无法适应集体生活。因为集体生活中都是自己照顾自己，没有人有义务帮他，而妈妈爸爸又不可能跟着他一起上学，就导致他出现了"生活不能自理"的尴尬情况。不会自己洗衣服，不会自己打饭，不会自己整理床铺……种种"不会"让孩子的生活频率被彻底打乱，无法再将全部精力都放在学习上，看似小事的"生活自理"，此时却成了阻碍他继续生活和学习的最大障碍。

尽管我们是孩子的妈妈爸爸，但我们也不可能照顾他一辈子。趁孩子年龄小，正处于他学习各种能力的好时机，尽快教他学会自理才好。古人说，"授人以鱼，不如授之以渔"，讲的就是这个道理。让孩子过已经打理好的生活，不如教他学会自己打理生活，让他体会自己动手丰衣足食的成就感和快乐。

具体而言，我们又该怎么做呢？

首先，耐心应对孩子的模仿。

生活中，孩子大部分的学习都是从模仿开始的，有时候他会模仿得有模有样，有时候他也只是出于好奇、好玩而模仿得似是而非。但不管怎么样，孩子既然愿意模仿，那就意味着他对打理生活还是产生了兴趣，所以不要因为他那毫无章法的模仿就感到烦躁不已。

尤其是有些妈妈非常爱干净整洁，孩子胡乱的模仿可能反而把家里弄乱，这时妈妈们一定要摆正心态。孩子的模仿是好事，我们要保护的是他想要自己处理生活的意愿，而不能只是保持家中的干净整洁。孩子会凭借我们的态度来判断自己的行为，所以肯定他的意识，引导他学习正确的行为，才是解决问题的好方法。

其次，手把手地教孩子学习打理自己的生活。

孩子要学习打理自己的生活，我们最好从手把手开始教起，特别是在孩子有想要学习的意愿时，顺应他的需求教他就好。

这个学习的机会在生活中随时可能出现，所以只要孩子开口询问，我们就要趁此机会好好教一教。这时最不能说的就是扫兴的话，包括督促孩子学习，提醒他这些事不用他考虑，他还小弄不好之类的话，都不要说，一定要顺应他的要求，好好地教他想要学的东西。

再次，管好自己的手，解开对孩子的束缚。

不管是帮助孩子打理生活，还是制止孩子以模仿学习为名的搞破坏行为，终归还是我们不信任孩子，总是想要干涉他。或者说也许是长时间已经成了习惯，就像对待孩子很小的时候那样，我们已经习惯帮他做好一切了。

但是孩子在很小的时候，能力不够、自主意识不强，能依赖的只有我们。

可孩子长大就意味着能力的增加，当孩子的能力有所提升之后，再帮他就是我们的不对了。当孩子已经想要自己动手的时候，正好是他成长的大好机会，我们收好自己那份想要帮忙的心，不要太限制孩子的行为，只要注意好他的安全，其他一切都交给孩子自己去做就好。

最后，让自理成为孩子生活的常态。

自理也是一种能力，孩子需要不断地锻炼才能将这种能力运用自如，最好的方式就是让自理成为他生活的常态。

生活中只要有可以让孩子自己处理的事情，就全权交由他自己处理，结果如何全由他自己来承担。可能前几次都不会那么顺利，但正是因为不顺利所以才需要锻炼，时间久了，他习惯了，也就熟练了，自然就会越做越好。

也可以把家中的事情分一些让孩子做，一来是锻炼，二来也可以唤起孩子的家庭责任感。

有妈妈担心，孩子一旦可以自理了就离自己远了，也担心孩子的时间都用于自理，学习怎么办。

其实这些担心都是多余的，孩子更喜欢能教他做事、培养他能力的妈妈，而不是什么都替他操心的妈妈。随着不断成长，他也更需要自由，因此让自理成为他生活的常态也是个必然趋势。

至于学习，当孩子可以自己打理生活时，他的生活就会有条理，一切他都会自己安排得很好，学习时间自然也不会被其他事侵占，所以我们大可放宽心。

保持童真，和孩子一起兴奋尖叫

孩子兴奋的时候可能会尖叫，面对这种情形，你会怎么做呢？

"妈妈，看，大飞机。"孩子不知道第几次指着天空中划过去的银色小点儿，可他提醒妈妈去看的声音依然兴奋，和第一次看见的时候一模一样。

因为居住的区域刚好处于航线范围，所以经常会看见飞机飞过。孩子每次看见都会兴奋不已，妈妈却觉得孩子真是"大惊小怪"。飞机天天看，每天他都这么兴奋，每次都很大声地说看见了飞机，不仅自己要看，还要拉着周围人和他一起看。妈妈早就习以为常了，有时候也不想理会孩子，可孩子却很执着，总是会拉着妈妈的手，不停地左右摆头，一边确认飞机还没有飞走，一边焦急地让妈妈一定也要和他一样抬头看，并和他一样兴奋一下。

妈妈很无奈，不知道这个"看飞机"游戏到什么时候才是个头。

其实这有什么好无奈的呢？孩子眼中的世界永远都充满了新奇，就算是一次次看飞机飞过，他也能持续从中感受到快乐，因为在他看来，每一次飞机飞过都是一次惊喜，飞机消失了，他就会想下一次飞机什么时候来，下一次的飞机是大还是小，是飞得快还是慢。

这就是孩子的童真所在，他觉得飞机飞过是好玩的事情，尤其是在蓝天白云下，银色的飞机从天空划过，这在他的眼中就是一幅很美的图像。孩子感知到了这份美，也从每一次飞机划过中感受到了惊喜，也许他还有想象，还有其他的感受，这是多么美好的一件事。

相比之下，成人的无奈其实恰恰反映出了其人生的世故与苍白。成人仿佛看透了世界一般，也许是感觉看得太多，或者认为自己早就什么都知道了，所以才显出一副很淡定的样子。但我们的这份淡定其实很不招孩子喜欢。

孩子都希望自己的发现能够获得他人的认同，如果我们能和他一样对他的发现感到欣喜，他会觉得我们与他是心灵相通的。孩子并不喜欢我们嘲笑他幼稚，他喜欢我们能和他一起对着新鲜事物尖叫，他想要有人和他一起分享他的惊喜。

就如唐代文人刘禹锡在《伤往赋》中所提到的："诚天性之潜感，顾童心兮如疑。"意思是，童心是人类天性中潜在而无形的，人们应该珍惜孩子那天真的童心。而著名画家丰子恺也说过："我相信一个人的童心切不可失去，大家不失去童心，则家庭、社会、国家、世界一定温暖、和平而幸福。"所以，我们理应给孩子这份童心以最好的回应。

第一，一定要回应孩子的兴奋之情。

每当有新发现的时候，孩子总会兴奋地大叫一声，或者兴奋地跑来告诉我们他发现了什么。孩子年龄越小，这种兴奋表现越明显。当看到孩子很开心的样子时，我们首先想到的不应该是"怎么这么幼稚，这也值得兴奋"，而应该是"孩子自己又发现了让他感到高兴的事情，真好"。

所以，当孩子兴奋地跑来告诉我们他发现了什么的时候，我们要融进孩子的情绪中去，认真听他讲出自己的发现，听他说自己为什么那么兴奋。不要告诉他"那很常见""这没什么"，如果你没法理解他为什么兴奋，只顺从他的感觉，和他一起兴奋足矣，你如果表现得"淡定"和"理智"，只会让孩子扫兴。而让他保持足够的好奇心与兴奋度，总要好过他过早地认为自己是幼稚的，从而裹足不前，不再探索。

第二，主动进入孩子的世界。

除了接受孩子的兴奋劲儿，我们也可以主动融入他的世界中去。比如，发现一些符合孩子"口味"的新鲜事物，引导他去看，跟他一起主动兴奋。这种主动性会给孩子带来更大的惊喜，因为我们"帮"他发现了好玩的东西，这会给他一个信号，那就是"妈妈爸爸原来和我一样"，这种感觉一下子就把我们和他之间的距离拉近了。

主动加入孩子的世界，也是需要我们有足够纯真的童心的。纯真到什么程度？一定不要有功利心。比如，有些妈妈想要让孩子看的东西，虽然也够惊喜，但却总是会加上几句"要好好学""这个很重要"之类的话，孩子的兴致一下子就被浇灭了。要保持孩子的那种纯真，我们首先就要纯真，只是为了扩大孩子的认知，只是为了满足他探索的欲望，再多的继续学习之类的想法，须得是孩子自己从内心萌发的才好。

第三，和孩子一起有理由地尖叫而不是胡闹。

孩子表达兴奋的方式，最常见的是又跳又叫，有的妈妈为了附和孩子的情绪，也会跟着又跳又叫。不是说不能用这样的方式来表达兴奋，只不过不管是尖叫还是跳起来，都要兴奋得有理由，要看上去像真的。

看到妈妈和自己一样尖叫跳跃，孩子也会变得异常兴奋，之后可能就会彻底被感染而放开胡闹了。这其实并不是什么好的发展，我们最好能掌控住这个局面。一切反应最好顺其自然，引导孩子说出他为什么会那么兴奋，再趁势给他讲一讲能引起他兴趣的东西。这样孩子的兴趣会被激发起来，他也会在兴奋之余了解更多以前所不知道的东西。

我们"吵架"了：大人错了也需要道歉

你和孩子有过"吵架"的经历吗？因为某些事，我们都会和孩子发生争吵，有时候错在孩子，他是在狡辩，但有些时候，错在我们。尤其是错在我们的争吵，看上去就是我们在"以大欺小"。按道理来说，如果是我们的错，争吵原本是没有意义的，就好像我们训斥孩子"错了还要狡辩"一样，我们自己错了也不应该狡辩。可是很多妈妈却觉得，在孩子面前犯了错是丢人的，为了挽回自己的颜面，当然也要和孩子争辩几句，就算不说错在谁，也要说一说孩子的态度不够好或者说一说他其他的问题。

妈妈下班刚进家，就发现书橱前面的地板上堆满了书，书橱里也乱糟糟的，儿子就坐在地板上，翻看着那堆书。

妈妈本来就累，一看到眼前的情景，立刻训斥了起来。儿子当下就说不是自己干的，妈妈认为他在狡辩，训斥得更厉害了。

最后，妈妈责令儿子半个小时内收拾好书橱，否则就要受到惩罚。

儿子很不高兴，气呼呼地开始收拾了起来。

爸爸回来后却告诉妈妈说："刚才着急找份文件，记得放在书橱里了，让我好一顿翻，还好找到了赶得及给送过去，不然就误事了。书橱我都没顾得上收拾，书弄了一地，一会儿我去收拾。"

妈妈当下知道自己错怪了儿子，此时儿子已经把书橱整理好了，但就是不理她。妈妈不好意思地辩解说："你看我又不知道真相，我看见的就是你坐在地板上那一堆书中间，所以才以为就是你弄的嘛！"

儿子听了妈妈的话，不仅依旧没有理会，反而扭头走了。

妈妈皱起了眉头，儿子还发起脾气来了，自己可是妈妈，错了又怎么了，这孩子还真想让自己低声下气地给他道歉吗？那妈妈的威严何在？妈妈索性不再理会，准备让这件事就这么过去，再怎么说自己也不能丢了面子。

如此一来，妈妈倒是很好地维护了自己的面子，但有没有想过孩子会从中学到什么？他会发现，原来妈妈犯了错之后是可以狡辩的，而且可以借批评别人的错误来挽回自己的面子，这是避免自己难堪的好方法。重要的是，孩子也会发现，原来妈妈可以"一言堂"，也就是可以不讲理。如此，当孩子以后再犯了错，妈妈哪怕教育得再苦口婆心，恐怕也不会获得他的尊重了，他的内心一定会吐槽说，"当初妈妈犯了错都不承认，那现在我也不承认"。如果这样发展下去，并不利于孩子养成"知错就改"的好习惯。

最好的解决办法就是我们放下自己的面子，坦诚认错也不是难事。

第一，抓住时机，"及时到位"地承认错误。

敢于承认错误是做人的原则，这其实无关乎身份，更与面子无关。孩子纯真的内心中，认准的只是"知错就改就是好孩子"的道理，所以我们只要按此行事，不仅不会伤面子，反而会受到他的尊敬，毕竟连妈妈爸爸都能主动承认错误，他一个孩子又怎么可能不向这好的表现学习呢？

一旦知道自己错了，发现自己对孩子产生了误解，就应该及时向孩子认错。对错误的认识也要深刻一些，孩子想听的并不只是"对不起"三个字，既然我们教育他要知错，那我们自己也应该把错误讲出来，而且还要讲到位，不要只是浅浅地一句带过就算了。到位的解释会让孩子意识到，承认错误应该带着诚心并讲清楚。

第二，主旨明确，用中肯的态度去道歉。

既然犯了错，好好认错才是最直接的选择，不能找任何借口，错了就是错了，直截了当最好。孩子要的也不是那么多解释，我们直接承认错误，日后孩子也自然不会学着找借口。也就是说，对孩子道歉也要主旨明确，是什么，怎么了，为什么，一定要简单明了地说明。

道歉的态度也要心平气和，尤其是不要说"好好好，我错了行了吧，你满意了吧"这类的话，这是在赌气，明显没有体现出真心，孩子也能听得出来我们的敷衍。也不要在气头上跟孩子道歉，这同样不是真心的，只是一种附和的态度。最好能平静下来，这样孩子也能更好地接受这份歉意。

第三，以事实为据，不因孩子的情绪而道歉。

有的妈妈有时候会因为孩子的情绪波动而表达歉意，也就是用道歉来安抚孩子，或者说是取悦孩子。即便不是自己的错，有的妈妈也会认错，其实这才是真正让自己威信丧失的做法。

值得注意的是，我们不能毫无原则地自我否定，道歉的目的是要让孩子通过我们的主动道歉来意识到"知错就改"是个好习惯，是要让他明白我们对他的尊重，明白怎样为人处世才是合适的，如果是以取悦的心态去道歉，只能助长孩子骄纵的心理。

第四，努力做明理、冷静也更有智慧的父母。

如果是自己的错误，就要及时承认，并积极改正。在面对孩子时，我们要有这样的态度，但是，这并不意味着我们就可以和孩子一样，大错小错不断。作为成年人，我们也应该努力让自己的错误变得少一些，特别是在孩子面前，不要总是出错，否则孩子也会觉得我们很不"靠谱"。

这也就是说，我们一定要有不断进步的心，"吾日三省吾身"的道理要牢记心间，我们也要变得更成熟，遇事后要变得越来越冷静，要养成勤思考的好习惯，而在应对处理上，也要多动脑筋，多方学习。

在孩子面前，我们不怕出错，但就怕错多却无视，所以我们的成长也要体现在越来越少犯错这一点上。让我们努力成为更加明理、更加冷静，也更加有智慧的妈妈爸爸吧！

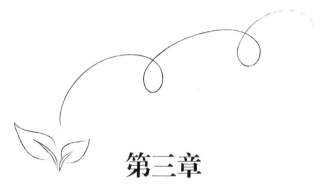

第三章
爸妈用心陪，孩子更自信

　　自信是身心健康成长的精神支柱。有自信，孩子会更乐于积极主动行动，不会为困难障碍所困扰。孩子能否获得自信，与我们的表现紧密相连，如果我们给予孩子用心的深度陪伴，让他有足够的安全感与被爱感，那他的自信感也会随之增强。

警惕，不要把孩子变为"索爱"的孩子

作为父母，给孩子无微不至且全部的爱本是天经地义的事，可是有些时候孩子还是会出现"索爱"的表现。索爱，就是向我们索要爱，孩子显然"深谙此道"，从小他就已经学会了察言观色，为了能够获得他想要的爱，便通过迎合成人，甚至是用自己的小手段哄得成人开心，由此获得那一点爱的滋养。

不要觉得这是孩子在撒娇，一旦出现了这样的情况，的确是要警惕的，只不过警惕的不是孩子怎么了，而应该是我们怎么了。孩子之所以会"索爱"，是因为我们给他的爱不够，正因为爱不够，孩子没有被爱的感觉，所以才要向我们索求。

但是，索要而来的爱是不够纯粹的，就好像是施舍的。而从我们这里索要的爱，他得来得太容易，一旦养成了习惯，他就会错误地认为只要自己要，别人就会给。但未来孩子面对的将是复杂的社会，社会上的人不会如家人一般对他那么无私，没人会心甘情愿地施舍，他的索要会导致他人产生控制的欲望，他人可能会要求他用别的什么东西来交换，这无疑会让他陷入被动。时间久了，他总是不能按照自我意愿做事，本我变得越来越压抑，而且他也会陷入怪圈，认为自己只有不停地取悦他人才可能获得更多的爱，这会让他很容易受伤害。

未来孩子工作、成家，如果总是用这样一种索爱的态度去与周围人相处，这无疑会让他时刻都处在被动、受伤害的位置，

哪里还有人生快乐可言。而且，习惯了索爱的孩子，会变得很冷漠，对周围人漠不关心不说，就连亲人他都有可能毫不在意。

有位妈妈就讲了这样一件事：

从女儿出生后，我一直发誓要好好培养女儿。女儿如今上小学了，成绩好，会画画，会跳舞，还弹得一手好钢琴，在邻居里也算有响当当的名号。

可是有一天，我却在女儿那里收获了寒心。

那天我感冒了，因为发烧而四肢无力，只能躺在床上休息，先生替我接回了女儿，女儿哼着歌走进我的房间后，却不耐烦地问："妈妈你怎么还躺着？也不做饭。我都饿死了！"

我努力看着女儿，她很生气地甩手走了。

我相信先生一定已经告诉过她我生病了，可是她在这个时候竟然还想着要向我索取对她的关怀。

到这时候，我才发现，女儿那些外在的成绩似乎都不那么显眼了，她如此令我陌生，这样的索求，丝毫不顾及我的感受，德行有失，我的教育如此失败！

这也给我们敲响了一记警钟。孩子的确对爱的需求非常多，但如何爱却是有学问的，不是想当然的。

清代思想家陈宏谋在《五种遗规》中辑录了唐翼修所撰《人生必读书》，里面便有这样的说法："凡生养子女，固不可不爱惜，亦不可过于爱惜。爱惜太过，则爱之适所以害之。"意思是说，生养孩子，不可以不爱他，也不可以过度地爱他。如果爱得过度了，那爱就变成了伤害。

可见，为了防止孩子变成索爱的孩子，可不是简单地陪伴就能解决的，我们给孩子的爱应该再细分，不同时间、不同事情、不同情境、不同场合，他对爱的需求内容、形式、程度也会各不同。父母要有耐心，也要细心，爱孩子是"慢工出细活"的，润物细无声的效果才能让孩子对爱的感受更深刻、更满足，而且不会因为被给予得太多而变得索求无度。

首先，想想有没有只是顺从自己的意愿去爱孩子。

怎么爱孩子，爱到什么程度，其实很多父母都只是顺从自己的意愿去做的，心情好了就爱孩子多一点，甚至毫无顾忌地溺爱，心情不好时就对孩子不管不顾，勉强给一点爱应付了事。爱孩子不是买东西，想多买就多掏钱，不想买就不掏钱，孩子需要的爱是一时一刻都不能停的。

换句话说就是，我们给孩子的爱，应该顺应他的需求而给，而且是主动地给。不能将自己的情绪或者自己的事情掺杂进来。不管发生什么，都不能影响我们向孩子表达爱。

其次，想想平时孩子是不是经常性地表现出满足来。

要看我们给予孩子的爱是不是合适的，只要看孩子是不是经常性地表现出满足来就可以了。孩子如果感到满足，精神上会很愉快，和我们相处也会更加自然，不管是我们的要求还是建议，他会更容易听进去，如果是我们的命令，相对来说，他也更能接受。

但如果孩子缺了爱，不满足，他会变得比较急躁，总是想要获得满足，会不停地索求，会故意表现得不那么听话。有些脾气暴躁的孩子还会发火，甚至通过捣乱来表达自己的不满，并借此来吸引我们的注意力。

所以说，观察孩子的表现，是判断我们到底有没有付出足够份额的爱的最好方式。当然，更多时候我们还是需要自己多思考、多观察，才能保证不会"克扣"孩子的付出。当孩子表现出不满的时候，我们也应该好好检查一番，看看自己在哪里出了问题，及时更正错误行为，及时弥补孩子的需求，给他足够的满足感。

最后，想想自己有没有变成孩子爱的"取款机"。

自动取款机（ATM），可能现在我们已经不太常用了，但前些年，当我们需要提取现金时，只要用余额充足的卡插卡提取，ATM就能吐出钱来。取款机的确方便了我们的生活，但它绝对不会主动地将钱送到我们手里来，它是一个被动的存在，只有我们亲自启动它，它才会将我们所要的吐出来，而且不多也不少。

难道我们给孩子爱也要变成像"取款机"一样吗？只有他来要，我们才会给；只要他来要，我们就会给；他要多少，我们就给多少；如果他不要，我们就毫不在意？我们给予孩子爱，应该是一种包容性而且更主动的行为，不能说孩子来要了才给，而是应该随机应变，顺应他的需求去给，更主动地给他爱。从最基本的拥抱、抚摸与亲吻，到与他沟通交流，再到解决他的烦恼、问题，关心他的情绪变化，我们需要做的事情很多，只要用心总能做得到。

另外，也要注意予爱有度，不要超额预支。前面那个冷漠的女儿，正是因为将被爱当成了理所当然，进而觉得自己才应该是被关心、被爱护的唯一所在，才变得无所满足，不断向妈妈索爱。这是很危险的。所以我们在满足孩子爱的需求的同时，也一定要培养孩子"得到爱也要奉献爱"的美德，不要让他养成一味索取的坏习惯。

一出门就要买东西，其实是想得到父母的爱

很多人会用"好奇心"来定义孩子出门就买东西的表现，"他好奇，很想要，所以才会不停地要求买。如果不给他买，他就闹个不停，给他买了，他才可能安静下来。"面对孩子出门就要"买买买"的行为，有的父母就直接这样给出了结论。

从这个角度来看，一出门就要买东西，这个行为似乎是孩子的问题，是他对过多的物质产生了好奇心，这才导致他出现了强烈的购物欲望。可事实上，孩子对物质的需求并不是天生的，好奇归好奇，但他不会总是通过这种方式来对我们提出要求。孩子有这样的行为，其原因到底是什么，还是应该从我们自己身上好好反省一下。

有些父母在孩子很小的时候会忙于工作，不得不把孩子拜托给长辈甚至交给保姆看管，往往很久才能腾出时间和孩子在一起。可是和孩子在一起的时候又想不到用什么方法补偿他受冷落的心情，而买东西显然是最快捷也最现实的一种方法，既能让孩子得到最实际的实惠，也能满足自己对孩子的补

偿心理，看上去两方都得了"实惠"，这不是很好吗？

但我们漏算了孩子的理解。孩子渴望爱，他发现每次与妈妈爸爸在一起时，妈妈爸爸都会用买东西来表达自己的爱，他就很自然地认为，物质和爱是可以画等号的，当他想要被爱时，就会自动联想到买东西，所以他才会对出门购物如此在意。

当孩子对一样东西已经习惯了、玩旧了之后，他也会产生厌倦心理。如果他忽然对某样东西没兴趣了，就会毫不犹豫地随手丢掉，因为他知道只要想要，妈妈爸爸就还会再给他买。

在他看来，"爱"与物质是一样的，想要多少有多少，旧了就扔，总会有新的补上来。如此一来，孩子对爱也不那么珍惜了，他只是在表面享受了爱，并没有从内心深处真正理解爱。

物质只能满足孩子一时的新鲜感，并不能满足他的匮乏感，物质总会有用完、用旧、用坏的时候，而且物质越多他也越不会珍惜，正因为多，正因为可以随时得到，他才毫不在意。物质不能让他内心那种对爱的渴求真正被填满，可他又不知道应该怎样让自己有被爱的满足感，所以只能不停地要求买东西，不管那东西是不是自己真想要的，只要看见了就必须买，借此来体会这种被爱的感觉。

可那些他不喜欢了的东西，他就这么毫不犹豫地丢弃了，不再理会，甚至没有一丝心疼，这样的表现一旦成了习惯，孩子就会慢慢变成对金钱毫不在意、对物质毫不珍惜的"败家子"。

孩子的这种越变越"坏"的势头必须被刹住，所以我们得在爱的表达方面多下一些功夫。

首先，利用所有可以利用的时间给孩子高质量的陪伴。

孩子用买东西来换取爱，这是很让人难过的一件事，所以从一开始我们就应该断绝他想要这样做的念头。这也就意味着我们最初就不要用频繁买东西来弥补自己没有及时给出的爱，而是要将所有可以利用的时间都用来陪伴孩子，并且要给他高质量的陪伴。

哪怕只有十几分钟，也要用心去对待，和他玩简单的游戏，分享他的快乐，听他讲述他的经历，在他有需求时给予最简单、直接的帮助。只要做到这些，孩子就能感受到我们对他的爱，哪怕什么都不买，也能让他感到满足。

其次，给孩子准备少而精的礼物。

除去陪伴，给孩子一些礼物也是可以的，但礼物的选择要慎重，给他少而精的礼物，而不是频繁地给他买各式各样的东西，尤其是大包小包地往家搬，把家变成一个超市就没必要了。而且，礼物的样式要多种多样，不是说只有物质才能被称为礼物，我们的思维也应该灵活一些。

比如，可以给他准备一些好看的书，孩子感兴趣的书有很多，但要尽量选择制作精良的书，让他在看书的快乐中有所学习；也可以带他去影院、展览馆、博物馆、海洋馆、科技馆……参加有意义的亲子活动，这种能和妈妈爸爸一起参加的活动，会给孩子带来更多的满足感。

而且，如果孩子没有特别强求什么礼物，那就不要特意对他提起这件事，正因为我们久不与他在一起，他才会更珍惜和我们在一起的时间，所以这个时候和他一起做他喜欢的事比给他买礼物更重要。也就是说，礼物只是我们联络感情的一种手段，却不能成为唯一的方法。

再次，好好利用"提前购买计划"。

如果孩子已经养成了"出门就买东西"的习惯怎么办？那我们就要做好事前预防了，可以试试利用"提前购买计划"来减少他的购买欲望。

在出门前，先告诉他今天他不能买东西，或者告诉他可以买一件或两件东西，但是再多就不能买了。这样做的目的，就是要限制孩子的购买欲望。而对于他想要买的东西，提醒他要自己选择好，不能反悔，如果要换也是可以的，但数量是限定的，只能换不能增加。出门前就列好购物清单，可以让他自己拿着，告诉他只买这上面的东西，其他的都不买。如果是去一家新的店铺，那最好也提前告诉孩子，只能买一件，就算看见再多的东西，他也不能超出限额。

如果不是特别必要，还是尽量减少带孩子出门购物的机会，如前所说增加与孩子在一起的时间，并提升在一起的陪伴质量，相信孩子的注意力也会随着他对爱感到满足而转移，并不再专注于买东西。

最后，多和孩子进行精神上的交流。

如前所说，多和孩子聊聊天，其实就是在增加与孩子的精神交流。要允许孩子诉苦，允许他说出自己的不满，我们不要反驳，不要辩解。

比如，有的妈妈会在孩子抱怨"你都不陪我一起玩"的时候，脱口而出"妈妈工作那么忙、那么累，你都不体谅我，又给你吃又给你穿，还给你买那么多东西，你就一点心都没有"，这样的话语对孩子的伤害才是最大的。

我们也应该听从孩子的内心，理解他的感受，当他说出这样的话之后，点点头，或者告诉他"关于这点妈妈要对你说对不起"，从他的话语和想法中去反思自己的做法。其实孩子只是在发泄，所以给他发泄的机会就好。孩子是爱我们的，我们也要接纳他的抱怨。

与此同时，我们不要将自己的疲劳、郁闷都发泄在孩子身上，也不要总用"给你买了东西"来绑架孩子对爱的感受，越是轻松自然的心灵沟通，才会让孩子越有爱的感觉。

各种兴趣班，这真的是孩子的需要吗

据媒体报道，早在 2013 年，上海市某调查机构就针对上海、广州、深圳、北京的 500 户家庭展开了一次关于孩子"兴趣班"的生活问卷调查。参与调查的孩子大多为"独二代"，年龄在 3~10 岁。他们除了接受幼儿园和小学等正规课程外，100% 都参加了各种课外兴趣班，有些孩子参加了不止一种。选择外语兴趣班的家长们近六成是出于对孩子将来升学就业的考虑，而选择音乐、绘画兴趣班的，大多是希望孩子能够掌握多方面知识，培养兴趣。以音乐学习为例，39.2% 的孩子正在参加音乐兴趣班，32.4% 的孩子虽然没有参加过但很有兴趣，仅 6.2% 的孩子对音乐兴趣班不感兴趣。

由此看来，选择上兴趣班的孩子绝对不在少数，而一些家长考虑得不可谓不长远。但在现实生活中，对此"执行"得怎么样呢？

正是寒假时间，在一处培训机构的楼下，一位妈妈带着儿子等电梯，他们的目的地是顶楼的围棋兴趣培训班。

可是就在电梯即将下到一层的时候，儿子却在电梯门口咳嗽起来，紧接着就把早上刚吃下去的饭都吐在了电梯门口。

妈妈有些不高兴了，指责道："你怎么能吐在门口呢？你是真不舒服还是装傻？"

儿子一句话没说，喘着粗气。妈妈看到儿子这样就更不高兴了："你倒是想不想上？每天都闹出点状况来，你也真是有意思了。"

儿子想要开口，可妈妈又接着说："整天就知道玩，让你学点东西你还不乐意，装什么傻？我看你就是欠揍，你总这样，以后可怎么办？"

电梯到了，母子二人走进电梯，一路上，妈妈的训斥还在继续……

将来的事情，对现在的孩子来说是不是太远了？孩子可能不会考虑到未来怎样，他只会注意到自己现在的生活，他只会觉得现在并没有他想象中的那么快乐。对于这个兴趣班，至少从目前来看，孩子已经产生了抵触心理，不然不会有呕吐这样不良的生理反应，也许还因为害怕妈妈的训斥，所以才紧张得吐了出来。

　　和这位妈妈一样，我们可能也会认为，能在有限的时间里多学一些东西是件好事。相信每一位让孩子去参加兴趣班的家长都是抱着对孩子好的心思才让他去参与的，也是想要让他能有一技之长或者能变得多才多艺。最初孩子可能的确对某项活动很有兴趣，可一旦进入了兴趣班，孩子的兴趣就变成了有规律的课程，有些兴趣班也会限制孩子学习的内容或者约束他的思想，结果原本自由的兴趣变成了被约束的死板教育，孩子当然不会喜欢。再加上很小的孩子参加太多各种各样的兴趣班，他也会身心俱疲，最终失去兴趣。

　　其实说到底，让孩子去参加那么多的兴趣班，还是我们的不自信所导致的。我们认为孩子不够好，觉得他只有更好，将来才能成才，结果我们只是一厢情愿地认为孩子需要更大的进步，却没有想到孩子也有自己的发展进程，也有自己的成长规律。

　　盲目信任兴趣班显得很急功近利，孩子要成功，多半都是靠他自己的脚走出来的，兴趣班表面上看是在帮助孩子拓展特长，但是你有没有意识到，孩子其实根本没有想要再进一步的意思？他可能只是觉得感兴趣，只是想要让自己能感受体验一番？如果进入了那些无良的培训班，孩子的兴趣是不是反而有可能会被限制？

　　明末清初理学家、教育家朱柏庐在其《朱子治家格言》中说，"教子要有义方"，就是教育子女既要有大义，也要讲究方法，过分重视所谓的"特长"，反倒忽略了对孩子根本德行的培养，情况就会如另一位明末清初理学家陆桴亭在《论小学》

中所说的那样，"童子时，惟外诱最坏事"，外面的诱惑对孩子而言，是"最坏事"的。孩子可能会误解这些所谓的"兴趣""特长"给他带来的益处，最终只是虚长了他的浮华风气，反倒没有了提升自我的意义。

所以，对待兴趣班，我们应该有更理智的看法。

第一，理性看待兴趣班的价值。

兴趣班的存在只是为了让孩子的兴趣发展有个更科学的通道，老师可以通过引导来激发孩子更大的兴趣，如果他有天赋，就让他的天赋能得到更好的发挥。

兴趣班不是万能的，并不能说孩子去了兴趣班就一定能有好的发展。很多人受到外界的影响，看到别人带着孩子去兴趣班，也想把自己的孩子送进去，这时我们应该更理性地看待兴趣班的价值。

在了解孩子兴趣的前提下，找一些合适的兴趣班，可以从周围人那里获得信息，也可以自己去找找看，最好是找有相关资质的机构开办的、有相关经验的老师所带的班级，就是要保证其正规性。同时，不能贪多，不要将孩子的所有课余时间都占用了。兴趣班里的兴趣发展，只能算是孩子生活中的一小部分，它与孩子平时的休息、玩耍、锻炼的地位都应该是同等的，让孩子能自由调节自己的生活最好。

第二，引导孩子发展有意义的兴趣。

兴趣班的作用是让孩子的兴趣有所发展，但关键是要看孩子的这个兴趣是好还是坏，好的兴趣可以继续发展，坏的兴趣则要及时遏制。

好的兴趣，能够陶冶情操，能够锻炼心性。琴、棋、书、画等兴趣都是可以好好发展的。有的孩子喜欢热闹一些的兴趣，比如唱歌、跳舞，也可以发展，如果孩子只是将其当成爱好，那就让他自由发展，除非他想要将其发展成事业，或者他非常有天赋，再顺应他的天赋发展。

尤其是对于唱歌、跳舞这样的兴趣，很多孩子会因此而变得非常喜欢自我表现，父母们也往往会变得喜欢炫耀，这会让孩子最初的兴趣变得充满欲念，会让孩子的心变得不那么单纯。所以在这方面的兴趣要格外注意，最好只关注他的兴趣发展，不要总想着让他表演。

第三，选择更合适的培养兴趣的方式。

培养孩子的兴趣不一定非要去兴趣班，我们也可以将自己的休息时间利用起来，给孩子创造良好的发展兴趣的时机和空间，引导他去发展。

首先要了解孩子的兴趣，看看他的兴趣是不是适合发展，对孩子有怎样的影响，然后针对孩子的需求，安排他的兴趣发展计划。如果是像下棋这样的兴趣，不妨和他一起发展兴趣，陪着他一起学习，如果我们自己有这方面的技术就更好了，不仅能指点孩子，还能和他一起感受兴趣所带来的快乐。

第四，对孩子的兴趣才艺要远离功利心。

有的孩子在才艺方面很有兴趣，但有时候又不能坚持下去，于是有的父母会用"成名"来进行引诱，有时候还会刻意让孩子在外人面前表现一番，并利用周围人的夸奖或捧场来激励孩子。这样的做法很容易激起孩子的虚荣心，最终他一定会变得功利，从而也就丧失了心中原本的安宁。如果父母抱着让孩子成名、赚钱的功利目的，那么即使孩子成了众人瞩目的"小童星"，可能也会付出非常惨重的代价。

让孩子在人前进行"表演"，可能会让他更有自信，也可能会助长他的傲慢之心，对其产生负面影响，所以让孩子在人前进行"表演"这件事，要慎重对待。当然，不排除有的孩子性格比较开朗外向，又有表演欲和十足的天赋，那就另当别论了。

著名文学家老舍早就提出了这样的观点："摩登夫妇，教三四岁小孩识字，客来则表演一番，是以儿童为玩物，而忘了儿童的身心教育甚慢，不可助长也。"因此，既不要让孩子在众人面前炫耀才能，也不要刻意要求他表演节目，而是让他脚踏实地地走好每一步。

关于才艺，孩子想学、爱学，他才会真的去学，强逼着让他学，甚至不惜用功利来诱惑他，这样的才艺学来何用？倒不如干脆放手，任孩子选择自己更喜欢的事情去做。

如果孩子真的喜欢某项才艺，可以告诉他这项才艺会对他的生活产生怎样的影响，让他多接触与此才艺有关的内容。比如，孩子想要学画，那不妨带他多看看名家画作，引导他学会欣赏，鼓励他从画中看出更丰富多彩的世界。孩子的内心越纯净、越单纯，他对画的领悟与理解才能越有味道，越有自己的见解，这才是真的在培养他的情操。

但有的父母不惜一切代价培养孩子的才艺，恨不得越多越好。而孩子一旦有了才艺，父母就希望有可以让孩子一展才艺的平台。在父母这种功利思想的影响下，各种商业运作的才艺大赛应运而生。

才艺大赛受到了越来越多的父母的热捧，一些父母更是不惜重金领着孩子参加各级、各类的才艺大赛。有的父母是抱着让孩子见见世面和锻炼一下的想法，有的父母却是抱着让孩子多拿几个证书的功利心。

暂且不论这些父母带孩子参加才艺大赛的初衷是否合理，才艺大赛自身就真真假假，难以辨别。有的才艺大赛虽然冠以"国际""全国"之类的名目，却在收费、评奖等方面非常混乱。一些父母花费了大笔资金，却发现这是一场披着"华美外衣"的骗局。

对于孩子来说，多参加一些才艺比赛本是一件好事，因为他可以在比赛的过程中向别人学习，可以相互交流各自的学习心得和体会，也可以通过比赛得到锻炼、增加信心。然而，现在很多才艺比赛的商业气息、功利性太重，会给孩子的成长带来负面的影响。

因此，面对各种形式的才艺大赛，我们一定要谨慎对待。首先，要详细了解才艺大赛的相关情况，不要盲目让孩子参加。凡是需要交一大笔钱的比赛，都不是单纯地为孩子提供一个展示才艺的舞台的，更多的是商业行为。其次，明确让孩子参加才艺大赛的目的，千万不要抱有功利心。让孩子参加比赛的目的，是锻炼他的能力，是让他享受比赛的过程，而不是让他拿那一张奖状或一个奖杯。最后，一切以有利于孩子的成长为原则，要尊重他的自然发展规律，掌握好让孩子参加才艺大赛的

"度"。如果为了让孩子参加比赛而进行"揠苗助长"式的魔鬼训练，或让他参加过多的比赛，甚至参加成人类别的比赛，都很容易损害他的天性，也会带给他更大的压力，甚至会让他产生逆反心理，反而得不偿失。

所以，如果我们希望孩子登上舞台，从而锻炼各方面的能力，就一定要摆正心态，给孩子一个没有功利色彩的舞台。不论孩子是在舞台上展示才艺，还是在舞台上参加比赛，父母都不要刻意强调结果，而是让他重在参与、享受过程。

实际上，兴趣也好，才艺也罢，最终仍要回归到"做人"上来。著名翻译家傅雷给儿子傅聪的家信中有这样一句话："先为人，次为艺术家，再为音乐家，终为钢琴家。"在傅雷看来，做人与艺术是相通的，做人追求真善美，艺术也是如此。音乐是艺术中的一个门类，对音乐的理解需要艺术中其他门类的支撑。钢琴是艺术的一种载体，是音乐家表达情感和对艺术理解的一种形式，音乐之美脱离不了精神上的"美"。

如果我们真的想让孩子接受好的兴趣才艺教育，那么就要淡化功利心，让孩子学艺术不是为了他将来成为音乐家、舞蹈家、画家，而是让他做一个追求真善美的人，让他接受艺术的熏陶，提高对艺术的鉴赏和审美能力。

给孩子自信，好父母不要盲目炫耀与攀比

孩子需要自信，这毋庸置疑。但孩子的自信，不是靠父母

的盲目炫耀与攀比得来的。即使能得来，也是假的自信，有害而无益。

"我家女儿，看见谁都不爱说话，总也不叫人，你看人家的孩子，见面都大大方方地叫着叔叔、阿姨、爷爷、奶奶，人家那家长也都能有的说。我这女儿，就是在家里有能耐，一出门就蔫儿了。看人家孩子伶牙俐齿，我家这个闷头一躲，我在熟人面前真是没面子。"

"有时候一堆朋友聚在一起，大家都带着孩子，一起哄就让小孩子们表演节目，人家孩子唱歌、跳舞、背诗、练武术，什么都会，我家孩子害羞也就算了，还什么都不会，真是让我丢脸啊！我也考虑要不要让孩子去学点什么，这以后都带不出去了啊！"

……

炫耀，看起来是一个多么"光彩夺目"的词汇，拿什么去炫耀？正因为满身光华，所以才会去炫耀，正因为有足够的资本，才能拿得出手去炫耀。显然在很多人心目中，"炫耀"应该是一个充满自信的词，没有自信怎么能去炫耀？

当我们看到很多父母纷纷搬出自己的孩子去炫耀的时候，便也会有同样的感觉了。"看看人家的孩子，什么都会，什么都懂，人家总是能拿奖，总是能得第一，人家是有多棒。"当我们开始这样想时，其实已经将自己的孩子放在了比较的天平之上。

但这般炫耀真的是自信的表现吗？不尽然吧，为什么要炫耀？炫耀是想要达到一个什么目的？无非想让周围人知道或者认可那份值得他骄傲的资本，想要让大家都来看一看，这份资本是不是有资格让众人夸赞或者认同。其实他是在用他人的认同来求得自己的安心，如此来看，这怎么能是自信的表现？恰恰相反，正是因为他不能判断孩子的好与不好，迫切地想通过别人的看法来判断孩子的好坏，所以才会去炫耀。想想看，是不是这个道理呢？

　　不自信，才想要去比较，看看是不是真的好。结果不停地比较，孩子也就不停地对外人做着各种各样的"展示"。这其实是父母对自己不满意，并不确定在自己的教育下孩子有了怎样的变化。在他看来，孩子表现的好坏，都需要通过与他人的比较才能判断。如果自己的孩子比别的孩子表现得更抢眼，自己才能放心，这时他的自豪之感也会瞬间膨胀起来，认为孩子才算有了进步。

　　但这样的教育有多累！孩子只有在与他人的比较中才能感受到自己的价值，否则就无法找到自己的定位。更重要的是，孩子总是处于一种不确定的状态下，他人若是不如己，他会借由父母那种自豪之感而感觉到自己果然了不起；他人若是超过了他，先从父母这里开始就已经是垂头丧气或者批评不断了，孩子也会因为自己不如别人而感到郁郁寡欢。

　　若只是觉得自己不行，就继续努力还好，可孩子在长期比较的"熏陶"下，经常会处于两种极端状态，要么觉得自己"很厉害"，骄傲自满，甚至不把他人放在眼里；要么觉得自己"很不行"，自卑到没面子，却开始嫉妒那些抢了自己光环的人。结果，孩子总是在自大与自卑中切换，久而久之，他也会变得不自信。

从父母的不自信，再到孩子的不自信，孩子与父母"一脉相承"，这其中的原因，值得认真思考。

孩子好与不好，这与他人又有什么关系？他表现好了，无非是自己努力了，这才进步了，他人在这其中似乎没有起到什么决定性的作用。

有人会说，不拿出去比较，怎么知道孩子的水平在哪一个层次？怎么知道他还需要哪些努力？要知道，这些并不需要和他人比较才能获得，要学习的东西就明摆着放在所有人面前，每个孩子都有平等的进步机会，显然谁更努力，谁自然会表现得更好一些。

这个道理很简单，不过要真正意识到这个道理，还需要父母更加注意，父母先转变了自己的想法，孩子才能成长得更轻松。

这时我们就应该反过来问问自己了，为什么不自信？教育孩子的确是一件并不简单的事情，我们也的确是在摸索中去教育孩子的，不过虽然困难多多，但有一点是所有人都能做到的，那就是给孩子无条件的爱，全身心地接纳他。我们不够自信，其实就是觉得孩子不够好，就连我们自己都无法全身心地相信孩子，孩子又怎么可能会在成长过程中相信自己？他对自己的判断全都是来源于我们的表现啊！

爱孩子，就要相信他。每个孩子都有自己的成长轨迹，学得快还是慢，学得多还是少，孩子有自己的速度，这并没有统一的标准，别人的学习进度和表现，并不能成为我们教育孩子的参考标准。

所以，如果看到别的孩子在当下取得了好成绩，不用羡慕，那可能只是这个孩子的学习速度非常快，而我们的孩子也许只要多用一天，也能取得和他同样的成绩，甚至是更好的成绩。

而如果我们相信孩子，那他多少也会松一口气，至少在表现自我这方面可以更放松一些，可以将自己的能力尽情展现，不用再多考虑是不是与别人还有不小的差距，更不用考虑如果自己不如人了是不是还要受批评。孩子在放松状态下去自由表现自我，这样展现出来的能力也能让他不留遗憾。

"妈妈相信你""爸爸相信你"，我们对孩子应该抱有这样的想法，不去过多关注别人的表现，而是更多地在意自己孩子的表现，多提醒他在自己的基础上努力，引导他看到自己身上的不足和问题。我们对他的鼓励也应该换一种方式，丢掉那种"你看看人家的孩子"这样的"攀比式"表达，多说"想想自己"，让他多从自己身上找进步的可能性，多从自己身上关注更多发展的可能性，这样孩子的潜能才能被激发出来。

而我们自己也要做到像对孩子所说的那样，不能总是以别的孩子的表现为标准来要求自己的孩子，也就是少用"横向比较"，不要总是将他和别的孩子放在一起去比较，而要多用"纵向比较"，让他多想想自己之前与现在的不同，想想之前都有怎样的不足，现在又可以通过怎样的表现来弥补这些不足。最好是让孩子自己来解决他遇到的种种问题，我们可以给他提示，也可以给他建议，不过当孩子能自己主动解决问题并获得自己想要前进的动力时，他的进步才是显著且更让他兴奋的。

当然，孩子还是不可避免地会有问题出现，这是正常的，我们依然要相信他能自己解决问题。对于他的错误，一定要提醒他明白改正，不要让错误阻挠进步，而在此过程中，适度的提醒与批评也是有必要的，不能一味地鼓励。只顾着说"相信"，孩子也可能会在过分自信中丧失自我努力的劲头，所以我们还是要随时提醒他警醒。

另外，虽然不能比较，可是学习他人好的地方还是可行的，鼓励孩子多看到他人做得好的地方，同时鼓励他多学习。但要注意的是，不要用羡慕的语气去夸奖他人的好，而是要让孩子也能感受到，自己只要努力，也能和别人做得一样好。他要有这个自信。

清代名臣张廷玉曾经说过："盛满易为灾，谦冲恒受福。"意思是盛气凌人、习惯骄傲自满的人很容易招来灾祸，而只有谦虚平和的人才能享受更长久的福运。不炫耀，也是谦虚的一种表现，不盲目地将孩子的福气早早地炫耀出去，而是懂得收敛、懂得积攒，这样的孩子才会在未来成长为性格平和的人，从而获得更多的幸福。

高情商父母，把家"装扮"成欢乐的海洋

家是最能让孩子感受到爱的地方，这份爱体现在生活中的方方面面，有表面上看起来就很温暖的温馨装扮，也有全家人

一起在其中其乐融融的生活。要想给孩子一个充满爱意的家，是需要我们多花些心思才能实现的。

也就是说，我们应该将自己培养成高情商的父母，为孩子"装扮"一个充满欢乐与爱的家。在这个家里，孩子合理的需求会被满足，无理的取闹一定会被"冷却降温"，我们能理解孩子的情感，而孩子也能尽他为人子女应尽的孝道责任。当孩子在家中感受到被爱与被理解时，他自然也会过得舒心，而我们对他恰到好处的教育，也会让他意识到怎样做才能维系家庭的和谐温暖，他也会用自己的孝心让家中的气氛变得更加温馨。

这样的生活状态是每个家庭最需要的，但也是最不容易实现的。

有些父母以为给孩子无限的爱就能让他快乐，结果爱给得太多，就变成了溺爱。孩子在家里被宠得无法无天，这难道是快乐吗？不，孩子也会对这种无聊而太过容易得来的快乐感到厌烦。

实际上，溺爱也只是我们一厢情愿地超限额付出，很多时候只是我们顺从意愿地去爱，却忽略了孩子的想法。在这样的环境下，孩子的快乐不会持久。他可能会变得喜怒无常，对我们会完全没有尊敬之心；他也可能会不断提出一个又一个无理的要求，甚至因为我们太过顺从而感到暴躁，要不了多久，家里也会变得没有宁日。

还有的父母将"高情商"理解成了"高智商"，总在家里和孩子"斗智斗勇"，总是为了解决孩子的问题而绞尽脑汁。为了培养孩子，还会特意找各种培养孩子各方面能力的教育内容，结果把家庭变成了另外一个课堂，孩子在幼儿园、学校要跟着老师学习，回到家又要跟着妈妈爸爸继续耗费脑力、精力。

我们以为孩子会更喜欢新鲜的东西，其实他更喜欢的是简单却充满温情的生活。如此来看，我们还是错误地理解了孩子的需求。

快乐是孩子自己寻找与感受的，我们可以为他创造温馨的生活，却不能左右他的快乐，一厢情愿地为他安排，可能反倒踩不到他想要的点子上。这样的生活只不过是我们在不断尝试新鲜罢了，我们或许翻看了某些教育书籍上提到的方法，然后就拿来在生活中试验一下，今天一个样子，明天又换一个样子，但是要知道，孩子不是试验品。

我们无意识地创造了一种混乱的生活，而孩子简单的思维恐怕应对不了这么复杂的情况，他每天都会过得很累，快乐又从哪里来呢？

那么，高情商的父母应该如何表现呢？

首先，创造一种平缓有序的家庭氛围。

一定要身处一种平和的氛围下，全身心放松下来，才可能发现更多有趣的事情，才会被更多看似微小的快乐所感动。

就拿说话来说，不急不躁最好，不要动不动就想着命令孩子，少说"不要"，多一些正面积极的沟通，特别是吼叫、呵斥、骂人的话，不要想都不想张口就来。努力做到好好表达意图，心平气和地与孩子交流，家中气氛自然不会变得紧张。

轻松状态下的交流，一些有趣的内容也更容易被说出来，快乐也就随之而来了。就算是孩子出了问题、犯了错误，也不要瞬间暴跳如雷，而要先了解经过，做一个理智处理问题的好妈妈、好爸爸，孩子也会更愿意接受。

平时跟孩子相处也应该是更温馨一些的，多笑笑，不要总是板着脸，与孩子自如地交谈，了解他的所见所闻，给他讲讲我们的经历，这样的生活不仅能让孩子感到轻松，我们自己也会更放松。

其次，让孩子的快乐变得更有意义。

在家中制造快乐的海洋，不是让孩子犹如进入游乐园那般疯玩疯跑。有人会觉得，孩子在家里随便些，自然就会快乐了，可是在家里追跑打闹、插科打诨就会快乐吗？当然不是了，这种快乐有点胡闹、肤浅。尤其是家住二楼及以上的家庭，更要考虑到楼下住户及左邻右舍的感受。要快乐，但莫要扰民。

最好找一些有意义的活动，一起阅读，一起讨论，一起分享，一起动手，这些能让孩子各方面都得到锻炼的活动会让他既感到快乐又不会浪费时间和精力。

为了孩子，我们确实也应该多计划一些好活动，顺应孩子的个性特点，让他在精力得到释放的同时，也能从快乐中感受到某些东西，比如学到了知识、提高了能力，或者升华了思想。

孩子有怎样的进步也要看我们给他创造了怎样的快乐生活，给他有意义的需要而不是任由他毫无边际地随便撒欢，这其实也是孩子所需要的快乐。

最后，不管怎样的快乐都一定要有原则。

为了让孩子快乐，有的妈妈爸爸会干脆放手，只要看到他高兴，其他的事情都无所谓了。但是孩子需要快乐，更需要原则规定的约束。只要开心就可以为所欲为，只会让孩子变得无法无天，他的快乐也持续不了很久。

家中一定要有规则，什么事情可以做，什么事情一定不能做，这些我们都要提前和孩子讲明。比如，和妈妈爸爸一起感受快乐没问题，但一定要做到长幼有序，不能没有分寸，不能没大没小；还比如，不能将自己的快乐建立在他人或其他生物的痛苦之上，也不能将搞破坏作为快乐的源头。总之，我们要为孩子的快乐把守好边界，以免他做出过分的事情来，到头来害人害己。

第四章
黏着妈妈，让我感觉很幸福

孩子对妈妈的依赖是一种神奇的力量。就算妈妈没有做什么特别的事情，孩子也喜欢黏着妈妈，哪怕只是简单地和妈妈在一起坐着，孩子内心的幸福感也会满满的。显然妈妈对孩子的影响力是巨大的，那么妈妈何不顺应孩子的需求，满足他的幸福感呢？

妈妈叫我起床，那么温柔

曾经有这样一则新闻：

某天早上 7 点，妈妈做好早饭后叫女儿起床上学，可是等了几分钟发现女儿的房间没有动静，妈妈便不停地催促，但女儿依旧不动。妈妈算了一下时间，女儿如果在 7∶15 还起不来的话，一定会迟到。

又连续喊了几次没有动静后，妈妈推开了孩子的房门，可是女儿依旧没从床上起来。前后喊了 40 分钟的妈妈生气地将女儿的被子拽到了地上，但女儿也来气了，抓过被子又蒙到了头上。

被彻底激怒的妈妈冲进厨房抓了把菜刀，又冲进了女儿的房间，一把掀开被子，吼叫着喊女儿起床。

看到菜刀，女儿吓坏了，争吵之后，女儿甚至报了警。

后来，警察给母女俩做了工作，这才让两人重新和好。

这是一个真实的案例。很多妈妈都有过这种"怎么叫都叫不起来，真是恨不得要拿刀"的冲动，可这位妈妈却真的付诸行动了。

不得不说，早上叫孩子起床在很多家庭都是一个老大难的问题，不管是像案例中的大孩子，还是才几岁的小孩子，似乎对赖床都"情有独钟"。

对于小孩子来说，其睡眠时间是比成年人要长的，而且有些孩子在睡前贪玩，第二天早上就会有起不来的情况。但孩子还要去幼儿园，所以妈妈几乎不得不肩负起叫他起床的任务。

很多妈妈都会像前面这位妈妈一样，不管用什么方法，只要把孩子弄起来就好。如果屡次叫孩子都不行，那妈妈们往往也会用突然掀被子、大声叫孩子名字等方法来强迫孩子起床。

有的妈妈可能直接一边把孩子拽起来，一边说着"要迟到了，快起床，懒死你了"这样的话。

但是不得不说，睡梦中被突然惊醒，别说是孩子，成年人也会有不舒服的感觉，突然惊醒后整个人的精神会很不好，有的孩子还可能会因此受到惊吓。而且，突然被惊醒并不代表完全醒过来，孩子反应过来后可能还想继续睡。还有的孩子又会因为美梦被打扰而变得情绪不好，要么抱怨，要么干脆哭闹一阵。

可一些妈妈却忽略了孩子的这些不舒服，因为她们此时都会从自己的角度去思考，要叫醒孩子，要准备早饭，要送他出门，还要为自己出门工作或其他事情做准备，早上对于妈妈们来说真是太忙碌了。而孩子此时的不配合，就会让妈妈计划好的时间安排被打乱，这无疑是让人感到不舒服的。

但你有没有想过，造成这一切混乱的源头，可能就是你那不得章法的"叫起床"。什么样的起床方式最让人感到舒服？当然是自然醒过来，慢慢地清醒，躺一会儿，起身穿衣服，然后再做接下来的事情。自然清醒意味着完全睡醒，对于孩子来说，这样的起床方式也更有利于他的健康。

但这只是理想状态，还没有形成良好作息规律的孩子没法做到自我控制，而且闹钟也只对成年人有约束的效用，孩子并不会想如果自己起不来会怎样，也不会觉得"到时候我应该起床了"，他会顺从自己的第一感觉，也就是"我还想继续睡，我还没睡醒"，因此也就不会那么容易自己醒过来了。

所以，妈妈还是要充当"人工闹钟"，去叫学龄前的孩子起床，只不过要换成温柔的方式。

首先，培养孩子良好的作息习惯。

要想妈妈这个"人工闹钟"能发挥作用，首要的就是孩子要配合，也就是他要有早睡早起的好习惯，这样妈妈去叫他起床的时候，他才不会因为睡不够而懒起。

所以，要按照孩子的睡眠习惯估算好睡眠时间，确定好他早上起床的时间之后再向回推算。比如，孩子晚上睡10个小时，早上需要6:30起床才不会耽误他上学，那么从早上6:30往回推算10个小时，孩子就必须在晚上20:30之前上床睡觉。

确定好睡觉的时间，就要引导孩子调整他的作息，提醒他要尽早将作业或者其他要做的事情完成。虽然说是20:30前上床睡觉，但从20:00开始就要做准备了，包括整理好自己的东西、洗漱等工作，都要在这时开始进行。

这个习惯是要一点点养成的，尤其是对那些"越晚越精神"的孩子来说，我们需要耐心应对他的"不想睡觉"。可以每天提前一点时间来帮助他调整睡眠时间，直到他习惯20:30前入睡。

调整好了入睡时间，他体内的生物钟也会随之调整，加上他需要的睡觉时间，早上起床的时间也就差不多同步被调整好了。到时候只需要妈妈轻轻地呼唤，他就会自然清醒了。

其次，提前和孩子商量好叫起床的方式。

就算孩子调整好了作息，叫他起床也不是想怎么来就怎么来的，为了更轻松自然地叫醒孩子，可以和他商量一下叫起床的方式。

孩子都喜欢妈妈表现出温柔的一面，那就不如跟他约定好，最开始妈妈会用温柔的话语来叫他起床，如果他顺利地起来了自然是最好的，如果他起不来，妈妈的态度就会变得严厉一些了，再叫他不起，那就算妈妈生气，他也不能有抱怨。

也可以选择用其他方式来叫起床，比如使用特别的闹钟铃声。用孩子喜欢的音乐做闹钟的铃声，最好是孩子自己选的，这样他也就不会有太多埋怨了。有一位妈妈选择了孩子喜欢的卡通形象的声音，每天早上听着自己喜欢的卡通形象的声音叫自己起床，孩子觉得相当有趣，自然也就不赖床了。

最后，也可以适当用一用"自然惩罚"。

温柔的妈妈要将温柔用对地方，不能说孩子已经无理取闹了你还"温柔"地不予理会，有些时候严厉一些也是另一种"温柔"的体现。

所以，当孩子要赖时，甚至对你的温柔毫不理会时，就对他用一用"自然惩罚"——不再理会他了，"温柔"地让他就那么睡下去，即便上幼儿园迟到了，即便可能会被老师批评几句，也不要替他操太多的心。

这样的经历会直接给孩子敲响警钟，自然的惩罚全部都要由孩子自己来承担，所以间接的教育目的也就实现了。两相比较，孩子总会发现还是听妈妈的话，准时起床比较舒服，因为被老师批评并不是什么好事。

妈妈，妈妈，我要让你抱抱我

"爱我你就抱抱我"，这是每个孩子的心声，让妈妈抱抱，是每个孩子确定妈妈的爱的最直接方式。从孩子出生时起，妈妈的怀抱就是他最喜欢的地方，那里可以让他安静下来，会带给他安全感，最重要的是让他感到温暖，感到舒服。

不过有时候对于妈妈来说，这种"爱的抱抱"也是一种甜蜜的负担。孩子渐渐长大，可还是喜欢让妈妈抱着，你可能经常能看见很多五六岁的孩子还会抱着妈妈的腰说要抱抱，妈妈一脸无奈，毕竟抱起这么大的孩子的确是一件非常累人的事。

有一位妈妈就很头疼地说：

女儿已经5岁了，可是一天到晚就喜欢跑过来要抱抱，而且还不能是坐着或者面对面简单地拥抱，一定是要抱着她双脚离地。

如果当时我比较忙，抽不出手来，那她就会跑到爸爸面前提同样的要求，直到有一个人能最终抱起她来，她这才算是满足。

但如果始终没人抱她，她就开启磨人模式，黏缠不清，真是让我和她爸爸都招架不住。孩子已经这么大了，怎么还总是要抱抱呢？

我总是说她："别的小朋友都自己走，都自己玩，你看你这么大了还让抱抱多羞人呀！"但她也顶多是不好意思地笑笑，然后还是我行我素，下次依旧过来要抱抱。

我觉得她是在耍赖，有时候也训她几句，但真要说因为她总是要抱抱就那么严厉地教训一顿，我其实也觉得是有些过分的。

就这样，我也算是两边为难，一边是想着自己要抱起已经沉了许多的孩子很辛苦，一边又觉得总拒绝孩子她也会不开心，这可应该怎么办呢？

有的妈妈对这个问题总会用"简单粗暴"的方式解决，那就是硬起心肠，干脆不再抱起孩子来。这样的妈妈觉得，孩子长大了，应该独立了，拒绝他的"要抱抱"也没什么。不仅如此，有的妈妈还会一再给孩子讲道理，告诉他，他已经是大孩子了，不能再让妈妈抱着了。而孩子一脸的委屈，有时候会因为自己的需求没有得到满足而反抗一下，如果反抗无果，那他只能为了不让妈妈再生气而压制这种委屈，强迫自己变得"独立"。

不管孩子是反抗还是最终妥协，他的需求终归没有得到满足，这就会让他感到委屈。但是这种情绪变化，有的妈妈却觉得很不解。

其实，孩子过来要抱抱，也是他成长过程的一个阶段。我们认为孩子学会走路之后，他的探索范围扩大了，他应该能更自如地涉足更广阔的天地。

实际上，孩子刚学走路的时候，的确会有可以自如运动双腿的乐趣，但是这种学习走路的乐趣会慢慢冷却下来，当走路成为他生活中自然的行为之后，他也就不再追求这种乐趣了。而此时，他会发现妈妈的怀抱才是最舒适温暖的，有妈妈抱着，他也可以去任何自己想去的地方，而且被妈妈抱着时视野更开阔。既然如此享受，孩子当然更愿意回归妈妈的怀抱。

虽然一直抱着孩子的确是辛苦了一些，但也不用太过担心，这个时期总会过去，孩子终有一天将不再主动来向我们要抱抱，他会松开我们的手，宁愿自己去肆意奔跑。等到孩子真正独立成长之后，他也将离我们的怀抱越来越远，并越来越追求独立。

所以，在可以和他依偎温暖的时候，就让他尽情享受个够吧，这对你来说，也将是越来越少的宝贵感受啊！因为等到他上了小学，就算你主动想让他来要抱抱，他都不愿意来了，也都不让你抱了——他真的长大了！

另外，心理学家研究表明，人都有一定程度的"皮肤饥饿感"，而来自妈妈的拥抱会最大限度地满足孩子的这种"饥饿感"。所以，在孩子还能如此坚定地来和你要抱抱的时候，就给他最想要的拥抱吧！

给幼小的孩子以拥抱是母性的自然表达，大孩子也同样需要这样的母性，妈妈的温柔完全可以一直这样表达下去，用拥抱来让孩子感受他最想要的来自妈妈的温柔。

如此，不妨试试下面这些做法：

第一，不要自以为是地认为孩子已经不需要拥抱了。

"你是大孩子了，不能总让妈妈抱了。"很多妈妈总是会对稍大一些的孩子这样说，尤其是对男孩子，她们认为如果总是抱着孩子会让他变得软弱，让他无法独立，他也就离不开妈妈，可能更容易受人欺负。

这种自以为是的想法，让你推开了孩子，被推开的孩子因为缺少了爱，反倒容易变得软弱、不能独立，也更容易受人欺负。

妈妈的爱对他来说是一种强力的营养剂，他只有感受到了完全的爱，只有全身心地体会到了妈妈的温柔，才能从心往外地感到平静，不会因为外界的干扰而变得惶恐。有了安全感，感受到被爱，孩子才会更有自信，才能更放心地去做他想做的事情。

所以，顺应孩子的需求就好，他需要妈妈的拥抱，那就给他拥抱，让他放心，让他意识到妈妈会一直爱着他，这个怀抱会一直对他敞开。

第二，每一次拥抱都要饱含真心。

"妈妈，抱抱。"孩子要求道。

妈妈却不耐烦地说："哎呀，我忙着呢，不刚抱过了吗？抱一下就行了，怎么总来要抱？"

说完，简单敷衍地抱了一下，接着就摆手让孩子赶紧离开了。

这样的场景在生活中的确不少见，反正孩子要拥抱，都抱过了还有什么可抱怨的？

拥抱也是要用真心的，孩子能感受出妈妈的敷衍，能体会到妈妈是不是真心。如果不是真心，他也会有反抗，而且越小的孩子反抗越明显，为了能感受那种拥抱的温暖，他可能会一直要求妈妈的拥抱。

真心的拥抱会带给孩子力量与温暖，"我有一个温柔的妈妈"这样的话，都是孩子在亲自体会后才能说得出来的。

而且拥抱并不占用时间，先放下手里的事情，好好地抱一抱孩子，之后再继续手里的事情，也不会耽误多少工夫。抱的时候还可以简单说一两句话，安抚孩子的情绪，也能更方便你继续手里要做的事情。

第三，想些轻松摆脱孩子过分黏缠的好方法。

抱起二三十斤的孩子本来就是很辛苦的一件事，特别是出门在外，不愿意自己走的孩子要求抱抱，这会让妈妈的出行变得更为辛苦。有的妈妈会因为劳累而生气，其实完全没必要，想要让孩子多走一走，单纯地训斥是不管用的，没完没了地哄也并不那么奏效，还是应该多想一些点子。

比如，在前方设定好"目标物"后跟孩子说：

"和妈妈手牵手走到小树那里，妈妈就抱抱你！"
"妈妈抱着走到超市门口，后面就要自己走！"
"剪刀、石头、布，输了的话就自己走，赢了就抱抱！"
……

类似这样的方法会吸引孩子的注意力，尤其是有小游戏的

加入，会让孩子的注意力转移开。

当然了，妈妈还是要算好外出时间，因为当孩子感到疲惫时会更黏着妈妈，这时候不管什么方法可能都不管用了。所以，不要在外逗留太久，也要注意让孩子休息。

第四，让拥抱成为安抚孩子情绪的得力辅助。

事实上，拥抱并不是简单的动作，很多事情都可以与拥抱同时进行。比如，安慰、劝解，一边拥抱一边帮孩子放宽心，就是对拥抱很不错的利用。这样一来，孩子会更容易体会到我们对他的温柔。

如果每天出门前给孩子第一个拥抱，会让他这一天都有好心情；孩子回家了给他第二个拥抱，也会缓解他一天看不见妈妈的难过心情；晚上睡前给孩子第三个拥抱，会让孩子更安心地入睡。拥抱是让孩子的身体与妈妈的身体有最大限度接触的方法，妈妈也要能更有效地去使用。

亲子烘焙时间，孩子最爱吃妈妈亲手做的点心

妈妈亲手做的饭菜，孩子吃得最香。同样道理，如果能经常吃到妈妈亲手做的点心，孩子也会产生幸福感。而且对于妈妈来说，如果能通过自己的巧手为孩子做出样式繁多且营养均衡的小点心，也会带给自己不小的成就感。

一位妈妈就描述说：

有一天，孩子告诉我说，她一直都记得那年冬天的一天，天气特别冷，还下了很大的雪，爸爸从幼儿园接她回家，她一进家就闻见了浓郁的饭香和香甜的饼干味道。妈妈做好了饭，还特意烤了一些她最爱吃的香橙饼干，那一瞬间，她觉得自己是世界上最幸福的孩子。

现在孩子已经上小学了，但她把这件事记了这样久，这让我觉得很感动。孩子因为我做的饭菜和点心产生了幸福感，那我当然要努力做得更好，给她带去更多幸福的味道了。

现在生活水平都提升了，自主烘焙已经走入家庭。一些妈妈正在学着做孩子和自己喜欢吃的各种点心，不仅能保证口味，还能保证健康。

如果妈妈能和孩子一起烘焙，这对孩子也是一种全新而温馨的体验。

第一，在烘焙的过程中教孩子生活常识。

厨房对孩子来说原本就是一个奇妙的地方，看着一份份食材在妈妈的巧手下变成一道道好吃的菜，这个神奇过程对孩子而言，有着极大的吸引力。而如果能让他参与到烘焙中，他就会近距离地观察要做出好吃的东西都需要哪些食材，会用到哪些工具，工具都是怎样被使用的，在工具的帮助下，食材又能发生哪些变化……这个过程，孩子不仅会看到，还会亲手触摸到、亲身体验到……

整个烘焙过程进行下来，就会让孩子的生活常识变得丰富起来。

比如，对面粉的使用，孩子会在这个过程中亲手触及、亲眼见证面粉是怎样从粉状物变成面团，又怎样从白白的面团变成五颜六色的样子的，而且捏面团的过程也会很吸引孩子，软软的面团在他手里会变成各种样子，这无疑会让孩子的兴趣大增。

第二，通过烘焙让孩子体会"付出才能有回报"的道理。

平时孩子吃到的东西都是制作好的，浪费现象也许会比较严重，因为他没有珍惜劳动成果的概念。但如果孩子参与到了烘焙过程中，那他就能亲眼见证付出才能有回报这个过程，他会看到那些原材料必须经过动手加工，才可能被烘烤出成品。

尤其是孩子还不能熟练操作的时候，他可能会因为搅拌而感到手酸、胳膊疼，可能会因为工具使用不熟练而出现处理缓慢的情况，还可能会因为操作失误导致整个过程不得不重来……当经历这样的辛苦付出之后，孩子就会格外珍惜这些劳动成果。更重要的是，他也就能真正体会到"有付出才有回报"的道理了。

第三，在烘焙时激发孩子的想象力。

烘焙过程是一个奇妙的过程，圆圆的面团可以变身成各种奇怪的造型，小兔、小鸡、房子、小树叶、小手掌……孩子拥有丰富的想象力，如果我们放开手任由他发挥，他一定也能做出更让我们感到惊奇的东西来。

可以买一些模具，也可以任由孩子自由发挥，不用刻意要求他必须做出多么像的样子来，只要他做得起劲、开心就足够了。

第四，利用烘焙时间来锻炼孩子的耐性。

烘焙过程是一个绝对耗费时间的过程，而且不同的烘烤种类其所需要的时间也是不同的，如果同时要做很多东西，这时考验的就是孩子的耐性了。

有些孩子最开始接触烘焙的时候会显得很急躁，总想快点看到结果，过不了一两分钟就看一看烤箱，即便是设定了定时器，他也会觉得时间过得太慢。显然这正好是培养孩子耐性的好时机，我们不要总是说"一会儿就好"，因为这样的说法只会让孩子更急躁，倒不如提前就告诉孩子烘焙是一个需要等待的过程，并和他一起等待。

从制作到开始烘焙，都是需要时间的；就算是成品出炉，也不能马上就吃到嘴里，要等热气散过之后才能吃。这样的等待多经历几次，孩子也就会逐渐意识到"心急吃不了热豆腐"的道理，懂得了这个道理，更有助于培养他的耐性。

第五，教孩子在烘焙过程中学会合作。

烘焙过程也是一个需要合作的过程。所有事情如果只有我们自己来做，耗费时间还在其次，孩子也会看着干着急，倒不如让他参与其中，将那些他能做到的事情分配给他，比如搅面糊、压模具，或者让他帮忙拿东西，都是不错的分工。

有一位妈妈就这样分享道：

每次我做点心，女儿总是不自觉地参与进来。最开始我也是新手，表现得一团乱，女儿在一旁又经常帮倒忙，不是把面团弄到地上，就是把鸡蛋打碎，要不就只是为了玩而开始甩面糊，弄得厨房非常乱。

我也曾经懊恼甚至生过气，不过后来一想，这也是培养女儿合作精神的好机会，更能培养她的做家务意识，于是再做点心时，我就干脆给她分派工作，教她操作之后，任由她发挥。女儿渐渐地从一开始的单纯玩耍，变成我的得力助手，这也让我觉得很开心。

可见，不管是对孩子还是对妈妈来说，烘焙都是一个促进亲子关系的好方法，孩子会感到幸福，妈妈也能适时开展教育，同时更能一起体会劳动的快乐。而最终的劳动成果出炉后，一起品尝的过程更能让幸福感上升到一个新高度，所以别再靠买好吃的来让孩子开心了，还是动一动手，与孩子一起制造幸福吧！

和妈妈一起做家务，亲手把家变得更美

很多妈妈会觉得孩子黏缠是件麻烦事，但若是能换一种角度去思考，就能发现，孩子的黏缠也是有"利用价值"的。那就是让孩子和你一起行动，拉上他与你做同样的事情，不只是你配合他，也要让他配合你，而最好的一种方法就是，让孩子与你一起做家务。

做家务原本就应该是一种全家齐动员的活动，身为家庭中的一员，每个人都应该付出自己的劳动，做家务是所有家庭成员的责任，绝对不是"只能妈妈做的任务"。既然如此，何不

把这项活动利用起来，成为既亲近孩子又"解放"妈妈，同时还能为家庭服务的好机会呢？

话虽如此说，可并不是所有的妈妈都能有如此"觉悟"。曾经有媒体针对孩子做家务的问题进行调查，就有妈妈给出了下面这样的答案：

"我不让孩子做家务，我自己也没有想过这个问题。做家务太累了，我可舍不得孩子做。"

"我从没让女儿做过家务，我知道她肯定越做越乱。"

"我孩子不做家务，我也看过美国孩子很多不做家务的，变得不听话，被父母宠坏，可是我也不知道该怎么办。"

"我女儿也的确要做家务，不过她总是帮倒忙，我有时候就训她，觉得很麻烦。"

……

就做家务这方面来说，妈妈总是会为孩子的表现担忧，同时自己也会表现出不放心与溺爱。从这些妈妈的表述来看，孩子们也还都是有想要参与其中的心理的，而且他们要参与的原因，有好奇，当然也有想和妈妈一起行动的期待。

那么，为了解决妈妈的担忧，也为了让孩子的黏缠变得不那么令人心烦，不妨试试这样一些做法：

第一，从让孩子帮帮忙开始。

孩子的模仿能力在这个时候是会发挥巨大作用的，你前面做了什么，他后面就会立刻跟着学。所以趁着他有好奇、新鲜的心思，倒不如就让他趁着模仿的工夫来给你帮个忙。

比如，妈妈在扫地，就可以时不时地跟孩子说"帮妈妈把地上那团纸捡起来""能不能帮我把簸箕拿过来"，他一定很开心地去做。事实上，孩子是乐于向成年人靠拢的，如果你给了他这个可以靠拢的机会，他就会乐此不疲。

但是你也要有心理准备，孩子的帮忙会让你"喜忧参半"——做得好喜，做不好忧。实际上，孩子做得好，你就顺势肯定一句，让他感到自己也是有用的人，这会提升他做家务的积极性；孩子做得不好，你也不用说他捣乱，告诉他怎么做，允许他继续模仿就可以了。熟能生巧，只要有这个不断学习的机会，他总能越做越好。

考虑到孩子的实际能力，不同年龄段的孩子所承担的具体的家务劳动——"帮帮忙"的具体的项目应有所区别，比如：2~3岁，收拾玩具，吃饭分筷子，帮忙拿小件物品；4~5岁，饭前摆放碗筷餐具，饭后收拾碗筷餐具，妈妈洗碗时帮着打下手，试着洗自己的小件衣服；6~7岁，扔垃圾，擦桌子，扫地，洗碗，叠衣服，收拾床铺，浇花，喂宠物，等等。

第二，将家务劳动的基本要领教给孩子。

家务劳动也是有一定技术技巧的，比如，最简单的扫地，怎样扫才会扫得干净，怎样扫才能节省时间，怎样扫会比较省力……这就是劳动经验，我们也要将这些经验传授给孩子，让他不仅能参加家务劳动，还要会劳动，不至于因为不得要领而添乱。

这种教授不需要太多的言语，我们只要一边做一边提醒孩子注意哪些地方就可以了。我们的示范要到位，对于孩子的问题也要及时解答。不过，孩子都有奇思妙想的能力，所以当他想到更好的方法时，我们也不要觉得他是在胡闹，可以按照他说的去做一做，如果更省力、更省时，倒不如就按照他说的去做。而且，由于省力的方法是孩子自己想出来的，他也会更愿意去使用，他的劳动积极性也就被调动起来了。

第三，把家务劳动变成家中的"保留项目"。

既然是全家总动员，那就不妨把做家务这件事当成家庭的保留活动，每过一段时间就将全家人聚集起来，一起参与家务劳动。

劳动之前可以搞一个小仪式，准备好各种清扫工具，穿戴好做家务的"行头"，给孩子也准备一个小围裙或者小套袖、小头巾，然后大声宣布"劳动开始"，以此将他快速带入家务劳动的氛围中。接下来就可以进行任务分配，全家分工合作，一起努力，这实际上才是孩子最想要的状态。

要注意的是，不要把家务劳动变成游戏，拿着清扫工具做游戏是绝对不能允许的，要有做家务的样子。可以和孩子进行沟通，告诉他做家务就是为了把家变得更整洁漂亮，所以不管是谁都不能用游戏的态度来对待。我们自己也要认真做事，同时还要相信孩子，如果觉得有些事实在麻烦，通力合作就好。

第四，提醒孩子要多注意自己的健康与安全。

虽然家务劳动可以锻炼孩子的动手能力，有时还能引发他的奇思妙想，但是孩子都有好奇心，也有冒险精神，他可能希望自己也能做爸爸做的那些工作，比如清理煤气灶、拆卸抽油烟机，或者用某些清洁剂清理浴缸、马桶，登高打扫天花板，等等。

要提醒孩子，做家务不是在探险，也不是让他猎奇，不管要做什么，他都先要保证自己的健康与安全，不要从事超出自己能力范围的劳动。家中已经列好了劳动任务表，他只要认真做好自己该做的就可以了。不过，我们在做的时候可以允许孩子在安全距离观看，也可以让他打打下手，对他提出来的问题也要好好地回答。毕竟有些事虽然孩子现在不能做，但未来也许就需要他亲自动手，所以提前的知识传授也很有必要。

第五，用合理的方式来肯定孩子的家务劳动。

一场家务劳动下来，孩子也会感觉到劳累，不过单纯地夸奖"你真棒"恐怕起不到好的肯定效果。因为孩子会因此产生一种炫耀的心理，也可能会为了获得称赞而进行以后的劳动，如果没了称赞，他没准儿就放弃劳动了。

既然如此，就应该选择更为合理的方式来肯定孩子参与家务劳动的行为。比如，在劳动结束后，做一桌丰盛的饭菜，以犒劳忙碌了好久的全家人；也可以在打扫干净整洁、装饰漂亮温馨的家中拍照留念，让孩子自己感觉劳动的美好；鼓励孩子把这个经历写成小日记，让他能留有这样的美好回忆，等等，这些都是不错的肯定方式，孩子也会从中意识到家务劳动的意义所在。

第六，清楚让孩子做家务劳动的必要性。

这是非常重要的话题。因为很多妈妈不仅是现在不让孩子劳动，就是等他上了小学后依旧不让他劳动，这是大错特错的。

所以，在这里我想就这个话题再做一个相对比较详细的阐述。

从字面意思来看，"家务劳动"就意味着家庭中的劳动，那么家中的每一个人都有劳动的义务，不仅仅是妈妈爸爸，孩子也不能例外。可是，在很多家庭中，家务劳动却与孩子无缘。

合肥市某小学的潘同学在老师的指导下随机做了一次"小学生为了什么做家务"的调查，一共收回171份有效问卷，其中学生108份，父母63份。

在接受调查的108位学生中，从对待家务劳动的态度来看，53.70%的学生认为应该参加家务劳动，35.20%的学生认为要适当参加，只有10.20%的学生认为无所谓，0.90%的学生认为不必参加。可在实际行动上，只有1/3的学生经常做家务，61.11%的学生偶尔做，5.56%的学生则从来都没做过。

而63份父母问卷所提供的数字更令人吃惊，这些问卷显示，84.13%的学生在家偶尔做家务劳动，3.17%的学生从不参加，只有12.70%的学生经常在家劳动。

至于说为什么要参加家务劳动，8.30%的学生给出的原因是可以"获得报酬"，5.56%的学生说是被父母强迫的，大约有24.00%的学生选择"关心父母、替父母分忧"，49.00%的学生选择"锻炼自理能力"。

虽然有47.60%的父母认为孩子参加家务劳动不应该给报酬，可实际上，却有57.14%的父母在孩子参加家务劳动时是给了报酬的。

12.70%的父母认为，参加家务劳动会影响孩子的学习；

而大约有七成的学生却认为，家务劳动并不会对学习造成什么影响。

从这样一组数据来看，不得不说在很多家庭中，孩子参与家务劳动这件事似乎并没有被重视起来。对于这样一项原本是家庭中所有成员都该尽到的义务，我们却将孩子排除在外，而正是我们这样的态度，才导致孩子自己对做家务劳动也产生了无所谓的态度。

在有一年的京津沪渝四市德育研讨会中，曾有专家也进行过类似的调查，抽样中小学生3188人，其中对家务劳动的看法就各有不同，67%的学生认为家务劳动是有意义的，对其也有兴趣；19%的学生觉得家务劳动有意义，可是自己没兴趣；只有7%的学生认为家务劳动没有意义，对它也没兴趣；还有7%的学生认为"做家务劳动傻傻的"。

孩子为什么会觉得"做家务劳动傻傻的"？也许就是因为很多父母经常跟孩子说一句话，"只要好好学习，别的都不用你管，什么也不用干"，所以孩子才不能对家务劳动产生正确的认知。但实际上让孩子做点家务劳动，反而十分有助于他的学习。

哈佛大学一项长达20年的研究表明，爱做家务的孩子跟不爱做家务的相比，就业率之比为15∶1，收入也比后者高

20%，而且婚姻更幸福。

中国教育科学研究院对全国 2 万个小学生家庭进行的调查也表明，做家务的孩子比不做家务的孩子，成绩优秀的比例高 26 倍。认为"只要学习好，做不做家务都行"的家庭中，子女成绩优秀的比例仅为 3.17%，而认为"孩子应该做些家务"的家庭中，子女成绩优秀的比例为 86.92%，两者相差悬殊。还有很多实例证明，想要孩子成为精英，让他做家务是必不可少的。

著名的《朱子治家格言》开篇第一句就是："黎明即起，洒扫庭除，要内外整洁。既昏便息，关锁门户，必亲自检点。"这足见古人对"让孩子做家务"这件事的重视程度。

晚清重臣曾国藩曾说过："看一个家庭是否能够兴旺发达，只要看后代是否能做到三点：一是看是否早起，二是看有没有做家务劳动，三是看是否读圣贤书。"早起做家务，读圣贤书，对一个人的成长、成才至关重要，从古至今，都是如此。

想想看，一个人做家务懒，学习能勤吗？适度的家务劳动非常有必要，一方面是学习、生活的劳逸结合，另一方面也会让孩子生起对父母的感恩心，从而更加努力学习，即"习劳知感恩"。

可见，家务劳动并不是什么"傻傻的"活动。相反，其中蕴藏着很多生活智慧，可以说这是一个人能够正常、平稳、安定、有序地生活下去的保证。而且，孩子在家中也不能总是学习，做家务劳动也会成为让大脑得到休息的良好方式，还能锻炼和提升他的自理能力、动手能力、手脑协调能力等。而且做家务劳动也是在帮他提升生活技能，增加生活阅历，他也会养成爱劳动的好习惯，会强化对家庭的责任感，还会体会到父母操持家庭的辛苦，从而懂得关心、体贴父母，更有孝心。不得不说，做家务的确是一项让孩子受益终生的行为。

可能在我们看来，家务琐碎无趣，但在孩子那里，这却是他体现自我价值的重要表现，而他也会从中找到属于自己的快乐。实际上，会做家务劳动，也是孩子所不可缺少的一项个人能力。

2018 年 9 月 10 日，全国教育大会在北京召开，大会特别强调，要在学生中弘扬劳动精神，教育引导学生崇尚劳动、尊重劳动，懂得劳动最光荣、劳动最崇高、劳动最伟大、劳动最美丽的道理，长大后能够辛勤劳动、诚实劳动、创造性劳动。

因此，我们也要像重视孩子的学习和其他能力培养一样，重视起对孩子进行家务劳动能力的培养，多鼓励孩子在家里动动手，引导他积极地做一些力所能及的家务活，让他体验劳动的乐趣，成为一个劳动小能手。

亲子瑜伽或者按摩，妈妈带来的健康与温暖

和孩子在一起的时候，除了玩，除了劳动，还能做什么？

如果陪伴孩子的同时，还能给他带来健康与温暖，这岂不是一件很让人开心的事情吗？如果妈妈可以掌握亲子瑜伽或者

亲自按摩的方法，那就不仅可以改善孩子的身体健康状况，让他健康成长，还能在他与我们互动的运动过程中，通过肌肤接触、目光交流等表现来促进亲子关系更好发展。

先说一下亲子瑜伽。

亲子瑜伽是妈妈与孩子一起在轻松愉快的氛围中练习瑜伽的一种运动方式，它有助于激发孩子多方面的潜能，不仅有助于孩子身体变得更灵活，还能让他的免疫力、运动智能以及身体协调能力都得到提升，对于孩子的品质、习惯与性格等发展都有良好的促进作用。

一方面，对于孩子来说，他的身体正在发育中，不过他的思想和心智却都不那么成熟；而对于成年人来说，身体尽管有些僵硬、不那么灵活，但思想和心智却日趋成熟。亲子瑜伽则能很好地调节妈妈与孩子身上的种种不足。

另一方面，对于孩子来说，妈妈的爱会透过瑜伽动作传递给他，随着经常锻炼，孩子的身体会越来越强壮，身体机能也将得到改善。而对妈妈来说，瑜伽是可以让身体得到伸展的好方法，因为不良生活习惯而导致的僵硬、小病痛，都能通过瑜伽得到改善。而且，如果经常和孩子一起进行运动，妈妈与孩子就能共同学习进步，彼此也会更加了解，关系自然也会更加融洽、和谐。

3~7岁是孩子练习亲子瑜伽的最佳年龄，这时候的孩子身体协调能力越来越好，有丰富的想象力和创造力，精力也更旺盛，而且对一些新奇事物充满好奇心。亲子瑜伽就属于孩子眼中的"新奇事物"之一。

虽说是亲子瑜伽练习，但也完全可以变身为妈妈与孩子共同参与的游戏。不管是角色扮演还是比赛方式，都是让妈妈与孩子共同完成一个"任务"，这无疑也增强了孩子的合作能力，再加上孩子其他各方面能力的培养，这时的亲子瑜伽会变得更有意义。

瑜伽运动虽然有益健康，但做运动同样要注意安全问题。动作要保持轻柔，要有分寸，环境的选择也要格外注意，远离各种无关的小物件、饰品。如果要使用器具，也不要一开始就把器具摆出来，以免运动时造成误伤。可以选择在客厅或专门的练功房使用软地毯或者瑜伽垫，以提升安全系数。

如果孩子身体不好，或者妈妈自己身体不算好，那也不要急着进行瑜伽锻炼，尤其是颈部发育不完全的孩子，一定不要过早地让他参加锻炼，一切都要以孩子的安全为重。

瑜伽运动最好是空腹练习，也就是进食 3~4 个小时后，才可以开始运动，练习完 40 分钟后才可以再次进食。

瑜伽运动虽然对动作有要求，不过也没必要很严格，让他感到安全和快乐才是最重要的。

亲子瑜伽的动作有很多种，可以找来相关的视频、书籍慢慢学习。

每个动作的学习都不要着急，成人身体的僵硬程度不是一时间就能立刻缓解的，慢慢来才能体会到瑜伽的好处。而孩子原本就好动，如果他太过着急地做某些动作，可能会误伤自己。更何况，瑜伽原本就是需要慢慢地做动作的运动，所以妈妈和孩子都要安下心来，在平静的状态下慢慢去活动身体。

运动过程中可以放一些孩子熟悉的、舒缓的音乐，或是专门的瑜伽静心音乐，这样更有助于妈妈和孩子的安静放松。

再说一下亲子按摩。

亲子按摩也是一种很不错的保健方式，简单有效的揉捏动作，不仅可以增强孩子的抗疾病能力，还可以治疗孩子常见的腹泻、感冒等小毛病，同时也是一种非常好的亲子互动、沟通交流活动。

给孩子进行按摩，并不是什么难事，市面上也有很多关于小儿推拿按摩的书籍，既有文字讲解，还有动作图片示范，只要是正规出版社出版、有资质的专家撰写的，一般就没什么问题。跟着上面学习操作，再运用到孩子身上，一段时间后都能看到好的效果。

不过给孩子按摩与给成年人按摩不同，手法要轻柔，选择孩子饭后两个小时之后，避开孩子身上可能有的皮外损伤，用手掌、拇指就可以方便简单地完成整个按摩过程。时间不用太长，每次 15~20 分钟足矣。

当然，还要选择孩子安静平和、情绪不错的时候，可以一边讲讲小故事，一边给他按揉，让孩子更加放松。

美美的睡前故事，我一定可以做个好梦

从早起到睡觉，如果能一直和妈妈在一起就好了，这是很多孩子美好的愿望。睡前如果能听到妈妈亲口讲的美美的睡前故事，相信每个孩子都肯定自己会做个好梦。

睡前故事的确是有"催眠"功能的，妈妈舒缓的声音，讲出优美动听的故事，所以让孩子沉浸在故事氛围之中，慢慢进入睡眠。

其实在睡前给孩子讲故事，还有很多更好的作用，这会对孩子的神经系统发育有一个良好的刺激，促进其大脑发育；通过故事，他也能从中学到简单的知识、道理，尤其是那些他通过自我理解而学会的道理，能帮助他纠正自己的错误。

好的睡前故事，也能帮助孩子了解自己所处的世界，更能帮助他塑造自己的良好品德，学会明辨是非美丑。而最重要的是，睡前是一个极其放松的状态，妈妈和孩子在一起，用温柔的声音讲述好听的故事，这无疑也是促进亲子间感情交流的一大"重器"。

很多妈妈也知道给孩子讲故事是增进亲子感情的好方法，但是她讲出来的故事却无法吸引孩子，不是平淡无奇，就是晦涩难懂。更有的妈妈一边讲故事，一边还要不断督促孩子"快睡觉"，结果故事总是被这样不"和谐"的声音打断，孩子很难融入故事之中，睡觉就更别提了。

有一位妈妈就曾经非常无奈地讲道：

　　我儿子在幼儿园听老师讲故事听得挺好的，老师说他听得很认真，也很投入，可回到家之后我给他讲故事的时候就完全不是那样了，我还没讲几句，他就不愿意听了。

　　尤其是睡前，给他讲个故事，总也讲不下去，他注意力不集中不说，还经常打岔，要不就是做其他小动作。

　　有时候我好不容易讲完了，为了吸引他，还问他刚才我讲的内容，他每次都很不耐烦。

　　我看人家电视里一演，都是妈妈讲一半故事，孩子就乖乖睡着了，我儿子不是这样的，不讲故事还好，讲了故事他反倒烦躁起来，还嫌弃我讲得不好听。讲故事还挑三拣四的，我就觉得他是不是在故意找碴儿。

　　其实说到底，还是妈妈自己对待睡前故事的态度有些问题，别看只是讲故事，简单的事情也有其严谨的要求，如果没有按照要求去做,孩子对这样的故事自然也是提不起兴趣来的。

　　首先，作为讲故事的人，你应该"进入"那个故事。

　　有的妈妈只是抱怨"孩子不听我讲故事"，认为孩子是在捣乱，或者是在故意找碴儿，可这还真不是孩子的问题。为什么你只看到孩子的表现，却没先想想自己呢？

　　你有没有"进入"自己给孩子讲的那个故事？是只将其当成故事了吗？如果你自己都心在"故事外"，就像念书一样平铺直叙，而且更多关注的是孩子有没有睡觉，并不关心故事讲了什么，这样讲故事会让孩子体会不到故事中的情感，更感受不到你所表达出来的意思，当然也就不会喜欢听了。

对于孩子来说，他所体会的是妈妈讲故事时表现出来的情绪，并跟着妈妈的情绪进入故事中。所以妈妈只有先让自己"进入"故事中，才能更活灵活现地将其所表达的意思展现在孩子面前。睡前故事的基本目的还是让孩子能安静下来，慢慢进入梦乡，所以带着更轻松的心情去讲述，将自己的情感投入进去，才能让孩子跟随你的感情更自然地进入故事。尤其是一些故事的最后，都是妈妈跟孩子睡前拥抱、互道晚安的情景，妈妈更要把握好这个机会，跟孩子拥抱说晚安，之后孩子就顺理成章地入睡了。

其次，不要刻意将故事的教育意义告诉孩子。

有的妈妈讲完故事后就习惯地说："这个故事告诉我们……"或者反问孩子："这个故事讲了什么啊？你学到了什么啊？"这样的说法都是不合适的。因为故事的意义一旦说破，对孩子就失去了吸引力，他不会愿意接受这样的"教育"，本来要睡觉了就需要轻松一些，结果我们还在进行教育，孩子也会感到很反感。搞不好还把孩子的睡意都"教育"没了，他反而更精神了，那就更不是讲睡前故事的初衷了。

故事的意义应该是孩子自己去感悟的，由你告诉他的任何意义，都只是外来的灌输罢了。孩子即便按照你提醒的做出了让你期待的事，他也只可能是做给你看看而已。而且他要听睡前故事，只是愿意享受那种氛围，并不想临睡了还要听一堆大道理。

所以，你的目的应该是给孩子讲一个舒缓的故事，帮助他入睡，其他的都不要过多考虑，讲完之后也不要再询问，如果孩子还没睡，那就顺其自然继续讲下一个就好。

最后，不要给孩子讲特别复杂的故事。

情节非常多的复杂故事，孩子其实是听不懂的，如果角色再多一些，故事展开再慢一些，孩子无论如何也理解不了，那他自然也就不愿意听了。孩子要到5~6岁才会发展抽象思维，在这之前给他讲太多情节故事，他根本就理不清楚。

所以不如就选择简单的故事——人物角色简单，做了些什么事，三言两语就能说清楚，孩子听得懂，妈妈也更容易表达出感情。有些故事原文中可能有比较难懂的词汇，那么在讲的过程中自动为孩子替换掉这些词，用他能理解的词来表达，如果是有较长的名称，也改成孩子一听就懂的短名。这样去讲故事，孩子更能放松地去听，一听就懂，自然也会听得进去。

总之，只有正确地运用睡前故事，妈妈才能通过自己的语言将睡前故事的作用发挥出来。不管是男孩还是女孩，都是喜欢睡前故事的，但也要根据他们的特点选择不同的故事来讲给他们听。合适的故事加上合适的表达，还愁孩子不会被你的故事所吸引吗？

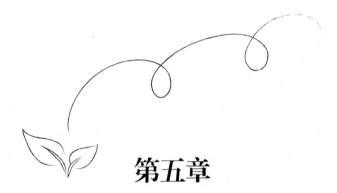

第五章
爸爸，你就是我心中的超人

在孩子的心目中，爸爸是一个需要摸索才能认识的存在。当他慢慢接触并了解世界之后，就会对爸爸的身份有新的认识，不管是男孩还是女孩，都会希望爸爸变身为自己心目中的"超人"，能够在诸多重要时刻一展身手。所以，做爸爸的千万不要辜负孩子的期待。

爸爸每天都要抽出一定的时间陪孩子

在我看来，"爸爸"不仅是一个称呼，更是一个神圣教育者的角色。不可否认，每一位爸爸都爱孩子，可很多时候你的爱是偏颇的，甚至是错的。

有的爸爸认为，爱孩子就是给他创造好的生活条件，在物质上尽量满足他，于是就用金钱和物质作为不能陪伴孩子的补偿；还有的爸爸认为，孩子需要教育，但那应该是孩子母亲的事，自己的事就是养他，让他吃好喝好……

其实，父爱并非生养孩子这么简单，父爱，更多应该体现在对孩子的教育上，体现在对孩子的关爱上。爸爸的这份爱是慈爱，首先应该真正地付出，还要让孩子感觉得到。如果孩子感觉不到父爱的话，就是父亲的失职，也是父亲的过错。

清代思想家陈宏谋在《训俗遗规》中辑录了明末清初理学家陆桴亭撰写的《思辨录》，其中有两句话："古人云教孝，愚谓亦当教慈。慈者，所以致孝之本也。"意思是，古人提倡教孩子学孝道，陆桴亭认为也应该教父母学慈道。只有父母的慈道做好了，孝道才有了根本。这个建议值得思考。诚然，我们一直站在教育者的角度去施教，连看书也是为了学教孩子的方法。教育孩子是我们的责任，爱孩子同样是我们的责任，如果一味只顾所谓的"教育"却忽略了爱，那渴望爱而得不到爱的孩子岂不是会心生怨恨？

最简单的爱的表达是什么？自然就是陪伴了。孩子的成长离不开亲人的陪伴，特别是妈妈爸爸的陪伴，但是很多家庭中都有"男主外，女主内"的情况，孩子由妈妈来抚养，爸爸则负责挣钱养家，如此一来，妈妈当然与孩子会有更多的相处时间，而爸爸与孩子在一起的时间就少了。很多爸爸也就因此忽略了对孩子表达爱，即使有表达，表达的也是爸爸想当然的爱——跟孩子只聊"好好学习"，学得好、考得好就"买买买"。爸爸原本就已经和孩子接触得很少了，再给他如此"厚重"的期望式教育与金钱的刺激，孩子会怎么想？又会怎么做？实际上，爸爸正是因为"主外"，所以才更需要和孩子多"联系"，抽时间多陪陪孩子，以免因为长期疏远而导致亲子关系变得淡薄。

因为工作原因，有一位爸爸长期出差在外，经常一个月才回家一次，在家待上两三天就又走了。

5岁的儿子因为长时间见不到爸爸，也和爸爸没有什么其他的联系，对爸爸感情很淡漠，就算爸爸回来了，他也不和爸爸亲近。

妈妈后来发现，儿子变得越来越怕生，不如同龄孩子那样有活泼的劲头。每次带着儿子出去玩，不管是在熟人面前还是生人面前，他都表现得很害羞，总喜欢躲在妈妈的身后，要不就总嚷着要回家。

妈妈觉得，儿子之所以变成现在性格内向、怕生的样子，就是因为平时与爸爸接触比较少，爸爸和他在一起的时间远远不足。

缺少了爸爸的陪伴，孩子的生活中总出现妈妈一个人，妈妈代表了温柔细腻，就算很坚强，但到底也和爸爸的表现有所不同。所以时间一长，孩子的性格就发生了变化。

有的爸爸会说，这也是没办法的事情，工作所致，与孩子在一起的时间自然也就少了。工作固然重要，但并不是我们生活中的全部，我们不能一心扑在工作上完全不顾孩子。身为爸爸，我们也要肩负起教育孩子、陪伴孩子的重任，不能将这些事全都推给妈妈一个人做。尤其是有男孩的家庭，爸爸的形象与气质对男孩成长过程中的影响是非常重要的，所以爸爸们也应该学会协调，要将自己的一部分时间分配给孩子。

第一，把握好为数不多的闲暇时间。

在很多家庭中，爸爸都是绝对的"顶梁柱"，也是挣钱养家的主力，所以绝大多数爸爸的时间都是宝贵的。而一旦得了闲暇，爸爸们就要好好把握这为数不多的时间了。

时间的安排可以分成固定时间和随机时间。固定时间就是每天都要有和孩子在一起的时间，比如每天吃完晚饭之后的时间，这段时间里大家都相对来说比较轻松，不妨好好利用起来，和孩子做个简单小游戏，跟他聊点有趣的话题，或者干脆就和他亲热地闹一闹，让他知道爸爸也是喜欢他的，也是想和他一起玩的，他也会因此感到很开心。

随机时间就是一些可以临时获得的闲暇时间。比如，原本一直工作，忽然有了一两天的假期，那么这个假期就是随机时间。正是因为爸爸与孩子的相处不如妈妈那样长久，所以只要有时间，爸爸就要好好利用起来。

第二，灵活使用分配给孩子的这段时间。

分配给孩子的时间，爸爸也要灵活使用，不能以让自己好好休息为主，而要多关注孩子的需求。不管是做游戏，还是做其他事情，都要好好与孩子互动。不仅如此，正因为能面对面相处，所以爸爸从仪容仪表到言谈举止，也要给孩子做一个好榜样，不能说回家了，休息了，就懒懒散散的，否则孩子也将学会这种懒散状态。

这里所说的灵活使用，除了在与孩子面对面时好好表现，在无法看见孩子时，也要有关心孩子的时间。充分利用起各种通信工具，和孩子多通通电话、聊聊视频、发发微信，多与孩子交流，讲自己的事，听孩子的事，一定要多和孩子联系，让孩子知道爸爸对他的爱，让他知道爸爸即便没有在他身边也依然对他有所牵挂。可以适当地给孩子准备一些有意义的小礼物，以缓解孩子总是见不到爸爸的委屈心情。

另外，爸爸也要适当地表现出对妈妈的呵护与思念，这会让孩子意识到爸爸是个有担当的男人，他关心的是整个家庭。如果家中还住着老人，那么我们也要在孩子面前表现出对老人的关心与孝敬。爸爸要表现给孩子看的，不仅仅是在工作上的尽心尽力，还有对家庭、对家庭中的所有人的责任。

第三，陪着孩子多做一些有意义的事情。

和孩子在一起除了尽情享受玩耍的快乐，也要多做一些有意义的事。

如果是能见面的相处，让孩子看看我们都能做些什么。比如有些爸爸久不回家，回家后可能会把家中的清洁工作包揽下来，那此时就可以叫上孩子，与自己一起进行清扫工作，在这个过程中，也可以多和孩子交流交流，提醒他平时要多注意帮助妈妈，这也是一个很好的教育时机。当然，也可以特意安排其他的活动，如果是固定的陪伴时间，那就一起读读书、谈谈心，或者一起进行有意义的小实验；如果可以有较长时间的假期，也可以配合孩子的时间安排出游、看电影、看展览等活动。

如果是不能见面的相处，那么每次通话或视频聊天的时候，就可以多和孩子聊聊生活，听他讲讲经历，我们也可以把自己的经历讲给他听。比如，如果不是不能外泄的工作场地，可以给孩子播放自己工作地点的视频，或者把自己工作时发生的事情录下来给孩子看。

总之，这段时间里我们可以做很多事情，关键是我们要好好考虑，选择更合适的活动来度过这段时间。高效利用这些陪伴时间，让孩子对每次与爸爸的见面都充满期待，让他也能将与爸爸在一起的时间当成最美好的回忆。

和爸爸在一起，总能体验运动的刺激

在人们的普遍认知中，爸爸总要比妈妈更"活泼"一些，妈妈是文静的，爸爸则是阳光好动的。所以，如果孩子能经常和爸爸在一起，那么孩子就能体会到更多运动的刺激。

这种认知也是有一定道理的，相比较妈妈来说，爸爸的精力更旺盛一些，体能也更好一些，与孩子相处会更能应对孩子的运动需要。

再加上爸爸与孩子相处会有一种独特的属于父子间的气场，孩子与爸爸在一起似乎要比与妈妈在一起时更放得开。爸爸往往更乐于与孩子一起做一些新奇的事，有时候也会带着孩子在允许的范围内挑战或冒险。

在运动方面，与妈妈的小心翼翼、不敢放松、百般担忧相比，本身就充满运动气息的爸爸会带给孩子更多勇气，也会给孩子更多自信，让孩子能更勇敢地参与到运动中去。而且，爸爸也能给予孩子更好的保护，爸爸有力的臂膀和更灵活的身体，会让孩子更有安全感。

显然，不管是男孩还是女孩，多和爸爸一起进行运动，不仅会提升孩子的身体素质，当然也会增加父亲与孩子之间的亲密感情。

有一位爸爸自己是个户外运动爱好者，最喜欢爬山，所以从儿子5岁开始，他就有意识地带着儿子与自己一起运动。父子俩经常一起去爬山，从家门口的小山，到郊外的大山，再到其他城市的高山。爸爸在内心有一个非常好的计划，他准备随着儿子的成长，带他不断地去攀登高峰，既能增强孩子的体质，还能锻炼他的心性。

另一位爸爸则选择带女儿去游泳。也是从女儿5岁开始，夏天的每个周末，爸爸就带着女儿去游泳馆畅游一番。而令人惊讶的是，这位爸爸最初并不会游泳，可是他依然坚持带女儿去锻炼，每次他都下水陪着女儿，虽然自己不游，但是陪着女儿一起，他也会觉得非常快乐。当然，爸爸后来还是慢慢学会了游泳，因为早已学会游泳的女儿竟然做了爸爸的小教练。这让父女俩的感情变得更为亲密，每次游泳也成了父女俩的快乐时光。

这就是和爸爸在一起的独有乐趣，这份运动带来的激情，会让爸爸与孩子之间的关系变得颇具动感与别样的乐趣，何不尝试一下呢？

第一，不一定只有运动型的爸爸才能与孩子一起运动。

有的爸爸可能会说："我可不是运动型的，我本来就喜静不喜动，我没法陪着孩子一起运动。"也一定会有爸爸抱怨："孩子精力可旺盛多了，我可跟不上他，就看他平时在家里那么折腾，我就知道自己绝对应付不了他。"

有这样顾虑的爸爸可能都属于文静型的，或者每日工作繁重，导致无暇顾及孩子的运动。其实，不一定是运动型的爸爸才能和孩子展开运动，孩子想要的并不是那种很刻板的运动，也并不是非要在爸爸的参与和帮助下提升运动成绩，他只是想要享受和爸爸在一起运动的快乐。

所以，我们需要做的是积极投入到与孩子的运动中，只要我们换好合适的衣服，穿上合适的鞋子，如果有运动器具也同样搬出来，然后对孩子说："走，爸爸跟你一起出去，咱们也运动运动。"相信孩子听见这句话，都会立刻跳起来，并用最快的速度换好衣服鞋子冲出门。即便我们做不到最好，孩子也会很享受与我们在一起的时光。

第二，制订既适合孩子特点也适合我们自身特点的运动计划。

鉴于前一点提到了对运动不那么在行的爸爸，那么我们要想和孩子一起运动，就不如先做好运动计划。这个计划不仅要符合孩子的特点，也要尽量与我们的身体情况及性格特点相适应。

从父母对孩子的影响以及遗传角度来说，如果爸爸本身精力就很旺盛，孩子也会和爸爸较为类似，精力旺盛、喜好运动；而本身好静的爸爸，也多半会有一个比其他孩子相对好静一些的孩子。所以，这样的运动计划并不难制订。

如果是精力旺盛的父子俩，那就多玩一些比较耗费精力的运动，时间也可以长一些；而好静型的父子，就可以做一些不那么剧烈的运动，控制好运动时间，让孩子和自己都不至于太过劳累。

当然也要选择合适的运动，孩子喜欢的运动和我们喜欢的运动，都可以尝试一下，不一定非要固定运动内容。孩子享受的是与我们一起运动的过程，所以我们不妨让这过程变得丰富多彩一些。

另外，有些爸爸可能自己原本就有运动计划，这时也不妨让孩子参与进来，不一定让他做和自己一样的运动，可以给他介绍一下自己运动的内容，让他看到爸爸的健壮，这也会让孩子感受到运动的作用，日后没准儿他也会像爸爸一样热爱运动。

第三，全身心投入到与孩子一起进行的运动中。

既然是与孩子一起运动，那就要全身心地投入，不管是与孩子一起练习，还是来一场充满刺激的小比赛，或者是和更多的人临时凑在一起来一场欢畅淋漓的运动体验，我们都不能三心二意，不要总是想着什么邮件没发，什么事情没做，是不是有人发了有趣的微博，又或者微信朋友圈有没有什么新动向……这些内容与眼下的运动毫无关系，不要"思虑"过多。

有的爸爸可能是自拍爱好者，就算和孩子一起运动，也要拍个照发个朋友圈，这样的行为偶尔为之还好，但不要每次都这样。而且，一旦发出去了，就会一直在想或在看有没有人回复或点赞，这无疑又会把我们的兴趣从运动上拉走。

和孩子一起运动应该是一件很纯粹的事情，就专心做这一件事足矣，不要给孩子留下"爸爸其实并不想和我一起运动"的感觉。

另外，全身心地投入到运动中，也能更好地给予孩子保护，毕竟多数的运动都是大动作，孩子一旦因为和爸爸一起运动而没了收敛，很容易伤到自己。我们也要格外关注他的行为，安全的运动才是最有意义的。

你没听错，爸爸带你去捡垃圾！

某电视台曾经播过这样一条新闻：

在一次足球比赛结束后，球迷们纷纷离场，但有一位小姑娘却在爸爸的带领下，沿着看台捡拾球迷们遗留下来的废纸等垃圾。父女俩认真捡垃圾的这一幕被有心人拍下来传到了网上，大家纷纷为这对父女点赞，称赞父亲良好的言传身教。

捡拾垃圾，很多人都认为是"不雅观"的事情，总是会想到一些穿得破破烂烂的人背着同样破破烂烂的麻袋在垃圾堆、垃圾桶里翻找。这些人都各自有各自的缘由，有的是因为生活困苦，有的则是因为生性俭朴，不愿意看到东西被丢弃与被浪费。

当然，我们带着孩子去捡垃圾，是有更重要的意义的，是与这些以捡拾垃圾为生、为乐的人的目的截然不同的。

带孩子捡的垃圾可以分成两类，一类是被人们随手丢弃的污染环境的垃圾，捡拾这样的垃圾是为了唤醒孩子对环境的爱护；另一类就是被浪费掉的东西，这些东西其实并不能被称为"垃圾"，只是被人们因为"吃不了""不喜欢"等理由丢弃了。

从这个角度去考虑，我们如果能主动捡起这样的垃圾，那就体现出了我们的环保之心、善良之心；而从道德的角度来看，这样做不仅不会给我们带来难堪，反而应该能让我们身心愉悦。因为古希腊学者亚里士多德说："行善的人生是有意义的人生，除非你善良，否则你不可能快乐。"而明末清初理学家、教育家朱柏庐在《劝言》中也说过："积德之事，何日可为？惟于不富不贵之时。能力行善，此其事为尤难，其功为尤倍也。盖德亦是天性中所备，无事外求，积德亦随在可为，不必有待。"

这些说法也是在提醒我们，冥冥之中总会有一种因果循环，每一种行为都是一个因，日后便会有相应的果，因果相应，由因到果，因好则果佳，因恶则果坏。《周易·坤卦》指出，"积善之家，必有余庆；积不善之家，必有余殃"。说的就是这个道理。所以，要心存善念，多做善事，积功累德。

如果孩子从小就意识到要爱护环境、爱护自然，意识到应该继承勤俭节约的传统，并能从自我做起，这无疑是在为他积德，也是在为他的未来种下一个好因，日后也必定会有好果等待着他。所以，带着孩子去捡拾垃圾，可以算是一种最能直接给他震撼也最能直接给他好处的教育了。

首先，打消我们自己的疑虑与误解。

不得不说，就算是我们自己，对捡垃圾可能都会有些微词，更何况是从小就享受了优渥生活的孩子，他可能会对上街捡垃圾这件事不情愿甚至反感厌恶。但是，带着孩子上街捡垃圾真的如我们所想会被人嘲笑吗？

一位网友给报社发去了自己拍摄的一组照片，照片中有一对父女，一起拎着一个黑色的垃圾袋，原来他们在一边散步，一边捡拾游人丢弃在地上的垃圾。同时，他还附上了其他网友的评论，大家都认为，"这对父女自发捡垃圾，树立了一个文明好榜样"。

其实对于这种有爱的行动，大家都是持肯定态度的，所以我们带孩子去捡垃圾，是有意义的一种行为。既然如此，我们自己就应该首先消除疑虑，只要我们坦坦荡荡地去做事，那么孩子必然也会受到我们的影响。

当然了，最好先和孩子讲清楚我们为什么要出去捡垃圾，告诉他保护环境与勤俭节约的重要性。不管是哪一种捡垃圾的行为，我们自己要做得自然，而且提前给孩子讲通道理，他才不会有不好意思的感觉。

其次，教孩子学会正确分类与处理垃圾。

有些人认为捡垃圾就只是把垃圾简单地都归置到一个袋子里，然后找到垃圾桶或垃圾存放地再丢掉。其实不然，国家已经推广实施了垃圾分类处理方法，所以从捡的时候开始，我们就应该教孩子学会分类。

大体来说，垃圾分为可回收与不可回收两类，所以可以准备两个袋子，一个袋子用于装废纸、塑料、玻璃、金属、布料等可回收垃圾，另一个袋子则可用于收集果皮、卫生纸巾、烟盒等不可回收的垃圾。这样一来，就可以一边清理垃圾，一边引导孩子产生主动对垃圾进行分类的意识。

如果是以清理环境卫生为主的垃圾捡拾过程，可以和孩子将垃圾都收集起来，最终将其交给处理垃圾的工人。

如果是另外一种"捡拾垃圾"的行为，比如带孩子在附近的垃圾桶捡拾垃圾，那就换一种教育方式。现在有的人会很浪费，很多东西本来还好好的，却只因为不喜欢了或者旧了就丢掉了。那我们可以带着孩子将这些垃圾区分开，整理好放在垃圾桶旁边，留给有需要的人。这时可以将垃圾分类的道理讲给孩子，而且还要有更细致的分类讲解，什么是能用的、不能用的、可再利用的，什么又是要丢掉的。

最后，多行动、少说教，引导孩子自己多思考。

捡拾垃圾的教育更多靠行动而不是靠说教，所以不管是为了保护环境还是为了培养孩子勤俭节约的好习惯而捡拾垃圾，我们最好都要多做而少说。

尤其是整理垃圾桶里垃圾的行为，一开始的时候孩子可能并不习惯做，也会感到难为情，我们最好在私下里给他讲清楚其中的道理，引导他多思考，进而用正常的心态去看待这件事，不要过分关注他人的眼光。而我们自己则要坦然地去做这件事，用自己的行动来给孩子打气，消除他的不适应心理。

去大自然中吧！那里有最新鲜的空气

当爸爸周末或节假日在家休息时，很多孩子期待的并不是和爸爸一起坐在家里看电视或玩耍，而是爸爸能把他带出家门，到外面活动、玩耍。就如前面提到的，爸爸所具有的阳光与活力，也会把孩子的兴奋性调动起来。

既然是出门，去哪里好呢？是图书馆还是电影院，是展览馆还是科技馆，是博物馆还是游乐场？还是超市、商场？是不是选不过来了？要不，就到大自然中去吧！想想看，我们好不容易从封闭的室内走到了户外，那暂时就不要再走进另一个室内了，还是全身心地沐浴在大自然中更好一些。是不是这个道理呢？

大自然中拥有室内所无法比拟的优势，清新的空气、美丽

的自然景观会让人的身心都有被涤荡的感觉，而且大自然中有着无限的可能，说不准在什么时间、什么地点，就能带给人不一样的感受，或者让人有什么新奇的发现。大自然与别处不同，它的不确定性恰恰才是最吸引人的因素。如果我们能带着孩子进入大自然，并由此释放他的自然天性，没准儿就会给孩子带来意想不到的惊喜与收获。

孩子也是属于大自然的，就如所有生命一样，生于大自然，长于大自然，大自然会成为他最好的老师和伙伴。

苏联教育家苏霍姆林斯基也曾经指出，大自然是一本书，是思维的摇篮，它具有一种奇特的特性，儿童发现得越多，他们因思维获得的快乐感越强，他们就会感到越多的未知，因为提出越多的问题……于是，他们的精神力量就越执着地专注于求知和解疑。对大自然进行思考的水滴，就可以汇成浩瀚的思维之河。他认为，感受和领略大自然的美，是全面积极地开展旨在提高人的素质、培养人高尚情操的活动的前提。

苏霍姆林斯基之所以会有这样的感受，与他小时候的经历分不开。

苏霍姆林斯基上学时，老师曾经带着他和其他同学走进了森林，虽然苏霍姆林斯基平时就在这里玩耍，但却并没有细心观察过森林中的事物，老师的温柔解说和谆谆诱导，让他发现了很多令他惊奇的事物。

比如，那盛开的椴树花，是在为蜜蜂酿蜜提供帮助；他以前曾恶作剧捅过的蚂蚁洞，里面也有复杂的"回廊""广场""幼儿园""粮仓"等构造……这些他从未知晓的内容让他觉得大自然真是太美好了。

在回家之前，老师还提醒孩子们，为家里的亲人们采集鲜花，这也是孩子们对长辈们关怀敬爱的体现。

正因为受到了这样的教育，才使得苏霍姆林斯基不仅爱上了学习、爱上了同伴，更爱上了大自然。而也正是因此，他才走上了教育的道路并最终成了伟大的教育家。

苏霍姆林斯基的经历不正好印证了大自然对孩子的影响力吗？

另外，大部分爸爸在家庭中担当的是对外的角色，所以经常在外奔走的经历会成为引领孩子进入大自然最好的导航。而且，爸爸在很多孩子心目中都是硬朗可靠的，所以孩子在进入大自然后也会因为爸爸的陪伴而有足够的自信、勇气、力量和安全感。

既然如此，爸爸们何不赶紧带着孩子向大自然进发呢？

首先，选择一个合适的地方。

大自然是一个非常广阔的范围，要带着孩子进入大自然，最好选择一个合适的地方，也就是有一个目的地。

如果时间比较短，比如只是周末，那就带孩子去近一点的地方；如果时间充足，比如刚好赶上孩子的寒暑假期，就可以安排一趟较长的旅行。

最好选择自然景观，比如高山、大河、瀑布、森林等，这些地方都是纯天然存在的，其空气会更清新，物种也会更丰富多样，更有利于孩子的观察与探索。但是没必要选择太过偏僻的地方，否则我们自己都不了解，盲目进入可能会有危险。至于一些十分著名的景点，可以错峰出游，要让孩子能有大自然是美好的这样一种体验，而不能让他觉得只是出去旅游了一次、玩了一趟。

其次，确定一个大致的目标。

为了不让孩子的大自然之旅那么无聊，我们最好在去之前就确定一个大致的目标。比如，去了那里要观察什么、思考什么，要去寻找什么，或者去感受什么。像这样有一个大致的方向，孩子再去那个地方就知道要做什么，也就不会盲目地只顾着疯玩了。

所谓的大致目标，就是不用太过约束孩子的行为，先干什么、后干什么的计划并不是必要的，就如前所说，大自然中充满了各种不确定，只要确定了一个大体方向，能给孩子一个基本的引导，让他在这样的大方向之下去探索、观察与欣赏就足够了。

最后，一定要肩负起责任来。

大自然是充满各种不确定性的，不仅可看、可想、可发现的东西多，危险也是或明或暗地存在着的。所以，既然将孩子带进了大自然，我们也一定要肩负起责任来。不仅要引导孩子做他应该做的事情，也要"眼观六路，耳听八方"地护他周全。

同时，也要培养孩子的善良、仁爱之心，"父母教子，当于稍有知识时，见生动之物，即昆虫草木，必教勿伤，以养其仁"，这是陈宏谋在《训俗遗规》中辑录的史搢臣所撰《愿体集》中的话。也就是说我们要防止孩子因为一时兴起而搞的破坏，爱护大自然才能尽情享受大自然的恩赐。

当然这种保护不是让孩子什么都不能碰、哪里都不能随便走，而是要教给他基本的辨别方法，教给他遇到一些情况后应该如何应对，也就是要教给他自我保护以及保护自然的方法，而我们在一旁也要时刻提高警惕，做合格的引导人与看护人。

在家里，爸爸陪你聊聊天

如果做个小调查，去问问孩子们，在家中谁与他说话最多，有相当一部分孩子应该会说是"妈妈"。妈妈与孩子彼此相伴的时间，相对来说比爸爸要长一些，与孩子自然也显得更亲密一些，很多孩子总是与妈妈无话不谈，特别是女孩，与妈妈在一起说悄悄话的场景，在很多家庭中应该非常常见。

但不能否认的是，妈妈能带给孩子的更多是温柔，对事情的理解、对问题的处理，也都是从女性角度出发去思考的，这样的思考更细腻、更缜密，但也更温婉。虽然说温婉也是孩子成长中必须汲取的养分，但孩子还是需要有一些阳刚之气的，即便是女孩，也应该有坚强的心理和思想。这种阳刚之气，自然是妈妈没法全部给予的，这时爸爸的角色就显得非常重要了。

爸爸和妈妈的说话方式自然有所不同。一般而言，爸爸的思想会比妈妈更为广博，而且爸爸接触的人也要更多一些，这样一来，爸爸的知识面也会更广，而且遇到的事情也可能会比妈妈多。可以说，从爸爸口中说出来的与妈妈口中说出来的内容，孩子听来会有完全不一样的感受。

更重要的是，爸爸身上会有阳刚之气，遇事不退缩，积极面对困难，爸爸的这种坚强，不管是对男孩还是女孩，都将是大有益处的，因为这种阳刚坚强是孩子健康成长所必需的养分。

所以，爸爸回家后可不能总是自己一个人坐在一旁看电视、玩手机了，也应该和孩子亲近亲近，对他说一句"来，和爸爸说说话"。

第一，找个好玩的话题起头。

"宝贝，爸爸回来啦！"

"爸爸今天回来得好早。"

"对呀，今天爸爸遇到了件好玩的事哟！"

"是什么呀？"

"来，爸爸给你说说。"

……

这个对话场景，爸爸用"好玩的事"起头，引起孩子的注意，一段有趣的对话就此展开。这种方式显得很自然，而且话题也很能吸引孩子。

有的爸爸之所以不知道应该如何与孩子进行交流，有一部分原因是抓不住孩子感兴趣的内容。很多爸爸就是因为不常与孩子交流，不了解孩子的心理需求，也就不知道应该如何开口。

孩子最感兴趣的内容还是"好玩的事"，所以我们也要让他体会到好玩的生活，多注意观察，把在外面看到的、遇到的事简单说说，可以用讲笑话的方式，也可以是讲个小故事。如果实在没有想到什么事情怎么办，也不要什么都不说，换个角度，问问孩子"今天有没有去玩""和谁一起玩了""妈妈给你做好吃的了吗"……孩子的生活其实并不复杂，我们关注的面广一点，总能找到和他有的说的内容。

第二，态度要随和，但原则要坚守。

与孩子交流最基本的一点，是要用他愿意接受的态度。有的爸爸对不过6岁的孩子也是一副严肃的样子，问话就像审讯，稍有听着不满意的地方就训斥一通，孩子要么战战兢兢要么不愿意听，这样的交流态度当然不会被孩子喜欢。

年龄越小的孩子，越喜欢温柔随和的态度，要不怎么都喜欢妈妈呢？爸爸这方面也要向妈妈学习一下，声音放低，语气放缓，语速放慢，多微笑，多听，多重复孩子的表达。

比如，孩子很高兴地说："今天我画的画被老师表扬了！"那么我们就可以立刻接话："被老师表扬了啊，给爸爸看看好吗？"类似这样的重复是对孩子的尊重，表示我们听到了他的话，而且对他的话也有了想法，这会让孩子更愿意说下去。

不过，随和的是态度，而不是原则，应该有的长幼之分绝对不能丢，小辈对长辈的尊重不能忘，爸爸也不要给孩子特权，孩子的基本礼节如果出了问题，那么我们还是要严肃起来提点他一下，告诉他怎样的言行是合理的。只有这样，孩子才会懂得和长辈在一起交流时要注意的事项。养成尊重的好习惯，对孩子同样重要。

第三，给孩子讲他不知道的东西。

在很多孩子看来，爸爸都是在外奔波的，有时候还会出差，他可能会想"爸爸在外面都看见了什么呢"，这其实就是他的好奇心在活动了。孩子对成年人的世界都有好奇心，他能看到妈妈在家的活动，却并不一定了解爸爸的活动，所以多给孩子讲讲他不知道的事情，也是一个不错的聊天切入点。

如果不确定能说什么，就先从孩子感兴趣的内容来，比如，有的孩子喜欢车，那就从外出看见的一辆从没见过的车开始说起，只要能开始说，我们就总能从孩子的话中找到下一个可说的内容。

还有一些可说的事情是遇到的好玩的事，最好是和孩子有关的，是发生在小朋友身上的事情，这更能引发孩子对接下来的交流的兴趣。

另外，一些小常识、新知识都可以穿插进来，比如，家附近新修的地铁可以通向哪里，爸爸的单位来了一台新机器可以做很多事，今天和同事学了一种新的折纸的方式，等等。

新鲜有趣的生活才是最能吸引孩子的。孩子每天都在期待爸爸回家能带给他新鲜的见闻，这对我们来说也是一种成就感，不是吗？

第四，把聊天当成日常活动。

和孩子聊天不是任务，有的爸爸会说"我也想有自己的生活"，然后只是偶尔像不得不说的样子和孩子聊两句。

一旦有了孩子，我们就不能完全去过自己的生活，而应该要好好协调孩子与自己生活间的问题，沟通交流显然是一项基本却重要的内容。

多和孩子说说话是有好处的，我们的心态会年轻，和孩子之间的关系也更亲密，那就不如把聊天当成日常活动，就和吃饭睡觉一样，让它变得自然而然而又不可或缺。

不习惯的话，就先从全家一起聊天开始，有妈妈在，和孩子的聊天也会更容易一些，多注意妈妈和孩子都说了什么话题，是怎么说的，慢慢融入全家沟通的氛围中，然后再逐渐过渡到自己和孩子单独聊天上来。

偶尔角色互换，今天爸爸来下厨

一般来说，每个家庭中掌勺当主厨的都是妈妈，妈妈们都被称为"巧妇"，可以做出各式各样的饭菜来满足全家人不同的口味；妈妈做的菜往往也被称为"家的味道"，想吃妈妈做的菜，很多人特别是出门在外的人都会有这样的想法。可见在很多家庭，厨房都是妈妈的天下。

但是并没有规定说，爸爸就不需要做饭了。恰恰相反，爸爸不能过分远庖厨，偶尔给孩子捣鼓出一顿饭菜来，也会给孩子一种"原来爸爸也是多面手"的感觉。

不过还是会有人觉得做饭这件事离自己太远，现在有的年轻父母，从小就没学过做饭，即便是自己开始过日子了，叫外卖和去饭店解决的时间也要多于在家吃饭的时间，更多的时候还是让老人们下厨，充当家里的厨师。

也有人认为，"不过是吃一顿饭，怎么吃不是吃，孩子不是都喜欢吃洋快餐嘛，买那个也省事"。但是时间久了，不仅孩子的营养跟不上或者出现不均衡的现象，我们在孩子眼中的形象也会出现偏差，"我有一个不会做饭的爸爸"，这可不是什么夸奖用语。

还有的爸爸，就会泡方便面，煮速冻饺子、汤圆，如果家里没人做饭，那他和孩子吃得也就更加单调了。

下厨房并不是一件难事，也不是男人不应该做的事情。爸爸如果能在厨房里也有所表现，那么孩子也会感到惊喜。再进一步，如果我们能在厨房里也成为孩子的好伙伴、好老师，那么未来孩子学到的就不仅仅是"泡面、煮饺子、叫外卖"，而是很精致地下厨了。更重要的是，爸爸如果能下厨房，也会给妈妈一些可以休息的时间，爸爸在厨房里的付出，也能让孩子从另一个角度来体会妈妈的辛苦。

那么，爸爸如何下厨才能让孩子有更多的感触呢？

第一，只要有机会，就要进一进厨房。

有的爸爸从来不进厨房，好像等着吃饭是天经地义的事情，就算已经没有什么事情可做了，他也宁愿看电视而不愿意进厨房。而孩子也会逐渐注意到这一点，特别是一些男孩子，他们会将爸爸的表现当成榜样，爸爸对厨房事务的漠不关心，也会让他理解成"男人可以完全不用进厨房"。

但实际上，妈妈们大多数都希望爸爸能帮忙缓解一下厨房压力，妈妈也有累的时候，也有不想近油烟的时候，如果能吃上爸爸做的饭，哪怕只是帮忙，是夫妻合作做出来的，妈妈也会感到欣慰不少。

所以，如果闲下来了，我们最好去厨房里转一转，看看妻子在厨房里做些什么，如果我们会做饭，那就不如接手妻子即将要做的饭菜，也给家里换换口味；如果真的是一点儿也不会做，那也不要闲着，给妻子打打下手总还是可以的，择菜、拿餐具、清理垃圾、洗不用的碗碟，哪怕是只给她递个油盐酱醋，也是在帮忙。

同时，也要多关注厨房里的动态，有什么东西快用完了，有什么东西还没有，妻子需要什么，或者我们觉得应该添置什么，这些都要操一操心，不要把自己隔离在厨房之外，只有这样，孩子也才会感觉到家庭中所具有的温馨与和谐。

第二，最好有一两道拿手菜。

其实要说进厨房，并不要求我们在做菜这方面表现得水平有多么高超，我们没必要达到专业厨师的水准，只要有那么一两道拿手菜就好。可以在节假日、生日等特殊日子里展示一下，或者就算不选择特殊日子，偶尔接过妻子手中的锅铲，也露一手，这不仅会让妻子感到欣慰，也会让孩子感到惊喜。

至于说选什么菜，不用太过纠结，可以是我们从自己父母那里学来的，也可以是从电视、网络上学来的，不求多，一两道总还是可以的。

即便是同样一道菜，不同的人来做也会有不同的味道。能吃到"爸爸的味道"，对于孩子来说也是一种不同的体验。所以，有时间的话，最好能学一学做饭、做菜，哪怕是和孩子的妈妈学习，也不是什么丢脸的事情，反而更有助于夫妻间的感情和谐。

第三，要记得向孩子表达"爸爸下厨"的深层意义。

爸爸下厨，一方面是"露一手"的意思，另一方面也是要让家中的厨师——妈妈歇一歇的意思。我们不能只顾着让孩子看到"爸爸也会做饭"这件事，不能只顾着对孩子炫耀"看，爸爸也很了不起"，重点是要让孩子知道我们这样做的意义。

有位爸爸是这样对孩子说的："妈妈每天给我们做饭，又是油烟又是刀具又是火的，爸爸看着很心疼，所以今天爸爸来做饭，你去给妈妈倒杯水，告诉她'稍等就好'。爸爸的手艺你还没尝过吧？可是和妈妈的味道不同的哟。"

一段话，说清楚了妈妈的辛苦，也表明了自己的态度。这位爸爸这样的表达，应该能让孩子理解到他的良苦用心。

所以，我们在进厨房表现的时候，也不要忘了对孩子的妈妈表达关怀，这会让孩子意识到妈妈的辛苦，而看到我们对妈妈的保护，也会激起他对妈妈的尊敬与关爱，这种情绪对于他在日后学习做家务时将会非常有用，他会懂得体谅，也将懂得付出。

爸爸是个男子汉，是可以依靠的人

回忆一下那些形容爸爸的话，"顶天立地的男子汉""撑起一个家的栋梁""可以包容全家的大山"……这些无不向人传递着一个信号，那就是"爸爸，应该成为一个可以让孩子依靠的人"。

不过现在的很多爸爸却离这个形象有些远，爸爸们每天将更多的时间都耗费在自己的事情上，有时候是只想着工作，有时候是想着要和其他人应酬，就算是关心孩子，也仅限于"了解孩子的情况"，一旦孩子出了问题，爸爸做得更多的事是训斥，如果感觉只训斥不够，就还要再进一步——打骂"伺候"。结果，这些爸爸扮演的角色就好像是法官，只负责裁定孩子的问题，惩罚孩子的错误，却并没有帮忙，没有指导，更没有关怀，这样的爸爸多半都不会享受到孩子的依赖。

那么真正合格的爸爸是什么样子的？好爸爸不仅仅是个能独立的男子汉，更应该成为孩子心目中最大的依靠。

孩子更希望的是，如果他有问题了，可以找爸爸咨询；如果他有烦恼了，可以和爸爸倾诉；如果他感到委屈，爸爸也是他能依靠的港湾。

不管是男孩还是女孩，都最希望得到爸爸的支持，不管自己走多远，不管自己遇到怎样的坎坷，只要有爸爸，就能让他感到无比安心。

对于男孩来说，爸爸更是他的榜样。每个男孩都会将自己的爸爸当成自己学做一个男人的范例，爸爸怎么说话，爸爸怎么做事，爸爸怎么待人接物，都会成为男孩参考的榜样。所以，如果家有男孩，爸爸应该这样来做：

首先，正确表现自己的每一种角色。

在一个家庭中，爸爸的角色有很多种，从亲缘关系来看，爸爸是儿子、是丈夫，也是父亲；从表现能力来看，爸爸就应该是顶梁柱、多面手，是全家的靠山。

所以，爸爸在家中就要正视自己的所有角色，要努力将所有角色应有的表现都表现出来。因为我们的一举一动，都会被儿子看在眼里，只有我们做得好，他所学的才是正确的。

其次，不要总用"勇敢坚强"来指导男孩。

虽然男孩都应该具备勇敢、坚强的特质，但不要总是这么直接地提醒他。勇敢、坚强是要在日常行为表现中体现出来的。而且，这种笼统的指导并不会给男孩带来正面的影响，反而只会让他越发紧张，特别是有些男孩可能性格比较软弱，如果爸爸严词厉色地要求他，只能起到反作用。

我们给男孩的指导，应该是以潜移默化的方式逐渐渗透到他的生活中去的，即便希望他坚强、勇敢，也要靠引导和鼓励来让他去发掘自身潜力。

最后，选择好自己在男孩身边的角色。

对于男孩来说，爸爸是什么？我们一定要确定好自己的角色，否则一个选错，那耽误的就可能是孩子的一生。

比如，有的爸爸选择做男孩的拐杖，始终让男孩靠着他走路，那这样的孩子将来就会难以独立；有的爸爸选择做男孩的保护神，不管大错小错，他全都揽过去，结果孩子会变得无法无天；还有的爸爸则选择做提款机，凡事都用钱来解决，虽然也能表现出自我很强大，但因为缺少与孩子的互动，爸爸的强大和孩子一点关系都没有。

显然，这些选择都是有问题的，我们应该成为男孩身边的助力，他有疑问，我们要么帮忙解答，要么引导他自己去找答案；他遇到困难，我们可以鼓励他，也可以提示他，但不能全权代理；他有了烦恼，我们可以帮着纾解，却不能将他的烦恼都替他扛下。

我们与男孩之间的关系，有时候也要是"若即若离"的，不能太近，要给他自我成长的空间，也不能太远，应该有的关心一样不能少。男孩的成长道路上需要有爸爸的陪伴，我们也要控制好自己的表现。

说完了男孩，再说说女孩，在女孩心目中，爸爸就是她的靠山和保护神。和妈妈的温柔不同，爸爸的男子气概能带给她坚韧，而且爸爸的思考方式通常更理性，会让她能更理智地面对一切。若是家有女孩，建议爸爸这样来做：

首先，要尽量保证家里的"阴阳平衡"。

这里所说的"阴阳平衡"不是指男女数量一样，而是指爸爸在家中要有足够的存在感。在很多有女孩的家庭里，特别是只有一个独生女孩的家庭里，爸爸要将自己的"阳气"显露出来。

女孩的确是需要被爱的，但应该有的坚韧也不能丢，这种由异性带来的阳刚之气，是需要靠我们表现出来的。在女孩面前，我们要有担当，要成为所有家人的保护者。这样女孩才会从我们身上学到坚强、学会负责。

其次，不要太宠爱女孩。

很多爸爸在教育女孩时，会与教育男孩有截然不同的表现，对男孩可能还会狠一狠心，会训斥，会严厉地教育，但对女孩就不是，爸爸们总是将女孩当成公主来宠，舍不得训斥，甚至舍不得教育，这只会把女孩越养越糟。

我们最好有一个针对女孩的教育方案，坚强、理性、智慧等教育内容也要加入进去。一味地疼和宠会让女孩变得娇惯，只有这些更有针对性的教育，才能让女孩在感受爱的同时也能正常成长。

最后，做女孩的坚实后盾。

相比较男孩来说，女孩都会更柔弱一些，这是女性的天性所导致的，那么，作为她身边最亲近的异性，我们一定要成为女孩坚实的后盾。

在她遇到难题的时候，让她哭个够，然后教给她应该如何应对；在她感觉委屈的时候，允许她发泄，然后教她怎样避免这些委屈；在她感觉难过的时候，抱一抱她，拍一拍她，然后给她讲讲应该怎样躲开这些不愉快。

也就是说，做女孩的爸爸，要刚柔并济，既给她哭的空间，也做她学习、模仿的好榜样。

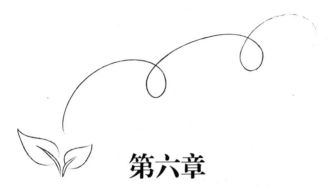

第六章
在陪伴的过程中，养成孩子好品格

品格，也就是一个人的品性、性格。孩子好品格的养成是需要时间和环境的。养成好品格的最佳时间，就是从孩子小时候开始，越早越好；孩子养成好品格的最佳环境，就是有我们陪伴的时候。所以，不要错过与浪费掉陪伴孩子的时间，积极培养他的好品格吧！

分享，先让孩子体会拥有的滋味

分享，不仅是一种动作，也是一个状态。要实现分享，就要将我们所拥有的拿出来，再给出去，然后或暂时、或永久地维持这种状态。对于孩子来说，这并不是很好实现的，要严格说起来，也是有一个过程的。而这个过程的第一步，就是孩子要拥有，只有体会到了拥有的滋味，接下来的分享才会变得更容易。

如果仔细观察一下，我们就能发现，孩子愿意拿来与人分享的，多半是他喜欢了很久的东西，而他愿意和之分享的人，也是他喜欢的人。那些喜欢了很久的东西，让孩子充分体会到拥有的滋味，这时候的分享，其实是孩子想要让更多人也体会一下他喜欢的东西的魅力，所以这种分享很容易；而他愿意与喜欢的人分享，也是因为感觉到对方并不会拿走他的东西，而且对方也很顺应他的感受。

孩子的感受都是最真实的，即便是物品，他也要确定安全感，才能生出分享的心思。由此可见，只有让他安心体会拥有的滋味，他才可能愿意分享。

而且，孩子对世界的认识刚开始，要让他完全理清物品的归属权，并不是一件容易的事情。很多孩子不懂得分享，是因为他不明白拥有。所以教育孩子懂得分享，不要直接进入主题，否则他会产生排斥心理。

那么若要让孩子从体会拥有到自如分享，应该怎么做呢？

首先，满足孩子合理的拥有需求。

孩子的需求，是他能实现"拥有"的一个最基本初衷。所以，只要是孩子提出来的合理需求，我们都要尽量满足，只有感到心满意足，孩子才不会对自己所拥有的东西攥得太紧。就好像是"物以稀为贵"一样，如果他的需求尚且不被满足，也就是他拥有的尚且不够多，此时让他分享，一来是他分享不出来，二来是他自己还没有满足的感受，又何来将之分与他人共享的心情？

合理的需求被满足，才能引出自然的分享，如果是不合理的需求，则会恰恰相反，孩子反倒更不愿意分享。这是因为不合理的需求本来就是孩子强求的，他也会意识到这种强求来的东西更为"珍贵"，分享也就变成了不可能。

所以此时考验的是我们的分辨能力，我们不要一时心软或者一时自己高兴，就盲目满足孩子的所有要求，而是要时刻保持理智，保证既能让孩子体会到拥有的感觉，也不会使他变得蛮横起来。

其次，理解孩子暂时不愿意分享的感受。

孩子不愿意分享，有可能是他自己还没有完全体会到拥有的滋味。就比如说，给孩子买了一个新玩具，但他刚玩了两天，当有别的孩子来家里时，我们如果这时就让他把新玩具拿出来给大家玩，他一定是不乐意的。因为从孩子自己的角度来说，他觉得自己还没有完全体会到那个玩具带给他的快乐，他还处于"正在拥有"的阶段，所以这个时候不要随便说他"不分享就不是好孩子"，此时完全可以顺应他的选择，允许他把自己已经完全感受过的玩具拿出来，新玩具可以缓一缓。

当然，还有的孩子对于某些东西会很执着，不管怎么说，不管过了多久，他都舍不得拿出来与人分享，那就意味着他对某样东西一直处于"正在拥有"的阶段。其实这并不奇怪，我们自己也会有一些舍不得拿出来分享的东西，孩子当然也可以。

但要区分的是，孩子到底是真的对某些东西情有独钟，还是自私。自私的孩子拒绝分享所有的东西，而且总想着从别人那里得到更多东西。对于这种情况，我们就要注意了，要想办法清除他自私的心理，帮他放宽心来，从而能自如地做到分享。

最后，引导孩子自然表现出分享来。

分享应该是一种自然的状态，任何强迫下的分享都是不成立的，不能让孩子因为"不分享就不是好孩子"而被迫分享，要让他自己意识到"我想要与朋友们一起分享"。也就是说，我们不能训斥他不分享，分享应该是一个自愿行为。

对于并不那么自私的孩子来说，可以尝试着让他在众多孩子面前拿出玩具，鼓励他去邀请朋友来加入他的快乐之中，肯定他的主动分享。

对于自私的孩子来说，可以先从最亲近的家人开始，与他分吃零食，和他一起玩玩具，对于他做出来的任何一个分享的小举动都予以肯定。等到他可以自然地与家人分享之后，就可以邀请他的一个朋友，从分享一个玩具或一次零食，慢慢过渡到分享更多。对于自私的孩子来说，这个过程不会太短，所以我们要有耐心。

不过，不管是自私还是不那么自私的孩子，对物品的归属权都会有自己的理解，若要让他能自然分享，我们都不能操之过急，要给他缓冲时间。

爱打人的孩子一定是小坏蛋吗

人们大都不喜欢爱打人的孩子，从成年人的角度来看，"不管怎样，打人都是不对的"。正因为有了这样的理解，所以一旦孩子出现了打人的行为，那么一些人几乎都不用考虑，就会直接给出结论——打人的孩子就是小坏蛋。

一位妈妈又接到了幼儿园老师的电话，这已经是这一个星期里老师的第三次投诉了，原因还是孩子在幼儿园打人。

妈妈觉得非常头疼，孩子性格活泼，也很任性，平时和家里人一起玩的时候就会打人，但打完之后又对人撒娇，很让人无奈。在幼儿园里，孩子则经常推打小朋友，经常将别的孩子打哭。

妈妈问孩子为什么打人，孩子理直气壮地说是别的小朋友不听话。妈妈告诉他不能打人，但孩子却一个耳朵进另一个耳朵出，过不了几天，便又因为打人而被告了状，好多小朋友的妈妈甚至说"不要跟这个坏孩子玩"。

妈妈有时候也想：难道自己的孩子就是这么个顽劣不堪的

人吗？就真的是个品性不好的坏孩子吗？

如果遇到相同的情况，很多妈妈可能也会有类似的结论出现吧！

可是，所有事情的发生都是有原因的，孩子打人这件事也是如此。"人之初，性本善"，本性善良的孩子，原本也是什么都不会的单纯孩子，出现了这样攻击性的动作，难道是他自己想出来的吗？当然不是。3岁以前的孩子，他的打人动作可能只是他在练习使用自己的胳膊，或者在用手探索这个世界，也可能只是因为高兴却不知道应该如何表现。

但是在这之后，孩子会越来越有自己的想法，他明白的事情也越来越多，周围环境对他的影响也越来越大，这时候他的打人行为，就是有意识的了。

出现这样的情况也是有原因的，成长过程中，孩子会越来越有自己的想法，他的情绪表达也会更加丰满，当生气、难过、郁闷等负面情绪出现时，他也想要有一个发泄的渠道。这时周边亲人曾经有过的表现就成了他可参考的对象。

回想一下，孩子某些时候打人的举止是不是和我们曾经打他时的样子很像？我们动不动就一巴掌挥过去的行为，是不是也被孩子学了个八九不离十？当我们不够有耐心时，当我们自己就总是经常性暴怒时，孩子也会变得和我们一样，因为他有模仿的天性，会从我们的行为表现中去揣摩遇到某些情况后应该怎么做，然后再学习。日后若是他遇到了相似的情况，自然也就选择用打人来解决了。

　　还有一种情况，孩子从小到大，每次打人都会被家里人嘻嘻哈哈地对待，就算孩子打到长辈头上，我们也毫不在意，还觉得他只是闹着玩。我们对孩子的纵容，也会让他对打人这种行为产生错误的认知，认为打人不过只是好玩罢了。那么日后，当我们觉得他打人不对了，再去纠正就很困难了。

　　综上所述，对于爱打人的孩子，不妨这样做：

　　第一，管住自己的情绪和手。

　　要纠正孩子这个"复印件"的错误，就要从我们这个"原件"上去找原因。想要让孩子不再"爱打人"，我们应该先管好自己的情绪和手。否则，如果我们动不动就把巴掌扬起来，那孩子也会跟着我们养成这个坏习惯。

　　养育孩子是一个艰辛而漫长的过程，教育孩子不是一蹴而就的事情，是需要慢慢地等待、慢慢地引导的。孩子犯了错，出了问题，我们着急甚至心烦，这都是难以避免的，有时候行动会快过思考，几巴掌下去，孩子也就知道了，"原来生气、着急的时候，是可以动手的"。

　　所以，若要让孩子不打人，首先我们自己就不能随便动手。孩子的错误，有的可以靠引导，有的可以靠批评，只有极少数的情况下才需要用疼痛让他记住教训。而且，就算是打，也要讲道理，要让孩子知道他为什么挨打，让他能心甘情愿地接受这顿打。也就是说，打也只是一种惩罚形式，不能演变成我们发泄情绪的渠道。

　　第二，从孩子打人的起因入手。

　　如果说模仿我们的方式来发泄怒气，是孩子打人的根本原因，那么孩子每次打人，也都是有其表面原因的，也就是直接导致孩子打人的起因。

比如，因为自己的玩具被人抢走了，孩子觉得很生气，便上去打人；因为自己的要求没有得到实现，便伸手打了妈妈；因为感觉自己受了委屈，便用打人来发泄；等等。这些表面原因是引发孩子坏情绪的导火索，虽然我们要从根本上去减少孩子打人的情况发生，但是对这些表面原因也要注意起来，这会帮助我们把握孩子可能都在什么时候"动手"，通过解决表面原因，也能让我们更容易帮孩子解决打人问题。

对于这些外因，多了解具体情况，将其中的道理简单明了地说与孩子听，最重要的是告诉他，打人不会解决问题，只会让他和对方都很疼。最好在孩子不那么激动的时候给他讲道理，让他有个情绪缓冲的过程，这样他也更容易接受。

第三，妥善处理孩子打人的后果。

不管怎样，孩子终归是打了人，不管是打架还是他单方面地发难，其结果都是不好的。面对这个后果，我们要做好三方面的处理。

第一方面，处理好对方的事情。被打的对象是需要我们去安抚的，不管对方是孩子还是成年人，最起码的礼节我们不能丢，道歉是最基本的行为。最好的道歉方式，是带着孩子一起去，要表明打人的不对，道歉也要有诚意。正所谓"子弟僮仆，有与人相争者，只可自行戒饬，不可加怒别人"，先承认自己的错误，更有助于问题的解决。

第二方面，处理好孩子的问题。不管自己是不是有理，动了手就会变成"无理"，这一点要和孩子讲清楚。对于他打人的原因，如前所说，我们要给他解释清楚道理。最重要的，是要安抚孩子的内心，打人这种发泄方式是很激烈的，所以也要想办法让他的情绪平复下来。

第三方面，处理好我们的问题。被打的可能是我们，那么我们在缓解内心震惊的同时，更要回忆自己之前的教育哪里出了问题，先改变自己再教育孩子，这才是正确的教育程序。对于孩子打别人这件事，我们也不能太偏向自己的孩子，终极目标是让他再也不要随便打人，所以应该多想想如何让孩子能宽容一些、大度一些，不那么斤斤计较，而我们自己也要先表现得更好，给孩子一个可参考模仿的榜样。

他怎么了？这么难听的话也说得出口！

类似下面的话，你的孩子说过吗？如果说过，你是不是也很惊讶？

"我要把他们都杀掉！"

"我要把这些都砸烂！"

"我要切掉这些东西！"

"你快点给我滚出去！"

......

孩子的语言不都是幼稚充满童真的，在某些时候，或者某些阶段，三四岁的他也会说出这些很难听、很暴力的话来，孩子也会有语言暴力，这会让有些妈妈无法接受，会说："这么小的孩子怎么了？如此难听的话也说得出来！"

不仅如此，有些孩子的语言暴力还会一直持续，甚至愈演愈烈，在面对长辈的时候，他都能口无遮拦地说出难听的话来，如果有长辈不顺他的心意，他同样会用很刺耳的话来回击长辈、辱骂长辈。

你可能会觉得，孩子开始说脏话，是他变坏了，道德品质出了问题。可是对于小孩子来说，这时候他的表现还与德行联结得不是太紧密，所以一开始就上这样的高度是没必要的。

那么孩子为什么会说出这些难听的话来？其实这是与他的语言敏感期（具体而言，是语言敏感期中的诅咒敏感期，也就是突然爱说脏话、骂人的话的那段时间，一般3岁左右开始）分不开的。在这个敏感期里，孩子会体会到语言的种种作用，知道当他说出不同的话时，就会有不同的意义产生。粗话、脏话、难听话，这些也总是会出现在他的日常生活中，他听了，就会记住，然后就会在某个时刻，将这段话说出来。

而对这些话的运用，会带给他与以往不同的感受，他会发现，当说出这些话时，周围人尤其是妈妈爸爸，总会表现得吃惊、生气，总是有很强烈的情绪反应。这样的感受会让孩子意识到，原来语言还有这样左右他人情绪的巨大力量，而且只是短短的几个字，就能让妈妈爸爸都震撼，这种效果是他从来没有体会过的。

　　显然，当孩子意识到了语言暴力所带来的不同作用后，他就会想要反复验证这种语言的作用。不仅如此，孩子具有极强的模仿能力，也能模仿周围的人在一些特定的环境下去选择"适合"当时环境的语言。所以，才会出现孩子能准确地在某些场合使用暴力语言的情况。

　　由此来看，大多数喜欢说暴力语言的孩子并不是变坏了，他的暴力语言并没有深入他的思想之中，只是停留在口头上，而这一种情况也是相对来说比较好解决的。不过，如果我们处理得不彻底，或者根本就忽略了这个问题，那就会有极个别的孩子就此养成坏习惯，从而将暴力语言运用自如，这就是很危险的一件事了，这时候我们就需要好好地从更深层次来解决问题了。

　　对于口出暴力语言、脏话的孩子，我们应该如何做呢？

　　首先，了解语言敏感期，规范孩子的语言环境。

　　语言敏感期的持续时间很长，从出生到 6 岁，孩子始终都处于这个敏感期。在这个时期里，孩子会从发音开始，慢慢学会说一个字、一个词，再到说一句话，并逐步掌握母语的语言规则。

　　在这期间，孩子所学到的语言内容，有些是我们教授的，但大部分都是孩子自己从周围环境中吸收的。所以若是孩子处在一个良好的语言环境之中，对于他学习语言可以起到一个事半功倍的效果。

　　孩子最初的说话过程，就是一个学话的过程，周围人怎么说，他就怎么学，借此来丰富自己的词汇量，直到日后他有足够可供调动的词汇量来组成想要表达的句子。回忆一下，我们不难发现，在某些时候，我们说了什么话，孩子可能会重复一遍，或者什么也不说，就只是静静地听，这其实都是他在"收集"语言，以备日后的使用。

由此可见，我们给孩子建立规范的语言环境，就会最大限度地避免他将这些难听的话都收集到自己的"词汇库"中去。作为孩子最亲近的人，我们自己就不要说这样的话，尤其是情绪激动的时候，也要注意口有遮拦。

孩子的周边环境我们也要注意清理，比如，少看或不看有暴力语言和脏话的动画片、电视节目，多带他与文明的人接触。如果他听来了不健康的语言，他可能会问这是什么意思，那我们就可以很直接地告诉他，"这不是好话，妈妈不喜欢听，所以你也不要说"，这时候的孩子已经可以理解妈妈不喜欢是一种什么情况了，说清楚就好。

其次，冷处理孩子的暴力语言。

孩子说了难听的话，尤其是说了脏话，怎么办？从前面的描述来看，显然我们越激动，他也就越激动，我们对他说出来的难听话予以尖利的回应，无疑是火上浇油的表现，所以这时候我们要做的就是"釜底抽薪"，不去回应，不去理会。

处在语言敏感期的孩子，也是在不断发现、试探他说出来的话到底都有哪些作用，当我们不理会他所说的内容时，他便会判断这样的话是"无趣的"，当他感受不到其中的力量和乐趣时，他也就不再过多关注这些语言了。

而对于那些已经说脏话成性的孩子，在他说脏话的时候，我们可以提醒周围人都不要理会他，只有他说了正常的话，周围人才会回应他。这样坚持一段时间，孩子也会意识到，说不好听的话是得不到正常回应的，这也会有助于帮他改掉这个坏习惯。

最后，找到被隐藏在暴力语言背后的那个纯真孩子。

在有些孩子那里，暴力语言对他来说就是一种保护，似乎只有说出这些尖酸、刻薄、难听、诅咒的话语，让别人感到不痛快，让别人受到了伤害，他才会感觉到自己是安全的。从另一种角度来说，这样的孩子也有些可怜，他显然是因为受到了伤害，所以才会用伤害别人来保护自己。

所以，我们要找回藏在"暴力语言"背后的那个依旧纯真的孩子，去理解体会他的感受，去发现他的内心。将我们所忽略的沟通交流捡拾起来，将我们没注意到的孩子的内心渴望找出来去满足，为孩子建立健康的心理，让他走出错误的壁垒。

学会尊敬长辈，是孩子一生的福气

每个人都渴望被平等对待，包括家庭成员之间，孩子希望父母可以尊重自己、平等地对待自己，不希望父母以高高在上的姿态和自己交往。当然，孩子的渴望没有错，因为无论他的年龄有多大，在人格上，他和父母的确是平等的。

然而，很多父母为了让孩子获得这份"平等"，允许孩子直呼自己的名字，允许孩子和自己平起平坐，甚至可以忍受孩子对自己的没大没小。当父母自己都感觉到不适的时候，"平等"一词就颠覆了父母所有的正常感受。

一对父母对民主的家庭氛围很欣赏，他们希望孩子的成长环境不会太过压抑，所以便一直为孩子创造了一个宽松的环境。

孩子学说话的时候，父母除了教他喊"爸爸""妈妈""爷爷""哥哥"之外，还将周围亲人的名字也告诉了孩子。

在刚听到这些名字的时候，孩子觉得很新鲜，没事就会重复一两遍，要不就将名字与人对号，比如对着爸爸妈妈就直接喊名字，可他们却只觉得这很好玩，并没有加以制止，当孩子以全名呼唤时，他们还给予了回应，甚至觉得孩子能记住周围成年人的名字是一件很了不起的事情。而且为了民主，后来这对父母也没有再阻止孩子继续用全名来称呼包括他们在内的长辈，他们希望不要给孩子太多的压力，再说记住长辈的姓名也不是什么坏事。

可是就在某一天，家里来了客人，是爷爷的朋友，妈妈摆好了饭桌对孩子说："去叫爷爷他们吃饭。"孩子来到客厅，当着一众客人的面，直接喊了爷爷的名字，并且毫不在意地说："要开饭了。"

客人们惊讶极了，爷爷和爸爸脸上都尴尬无比，爷爷笑得有些勉强，努力挽回似的说："这孩子，都被惯坏了。"周围客人也嘻嘻哈哈一通，赶紧跟着打圆场。

这件事，让这对父母陷入了痛苦和疑惑之中，当初的"民主"，难道就酿出了这样一杯苦酒吗？

尊敬长辈是传统美德，是流传了几千年的做人原则，许多童蒙养正的古训，无不提及对长辈的尊敬。

比如，南宋理学家真西山的《教子斋规》开篇第一便是"学礼"，怎么学？"凡为人要识道理，识礼数。在家庭事父母，入书院事先生，并要恭敬顺从，遵依教诲。与之言则应，教之事则行，毋得怠慢，自任己意。"可见，教子礼之重要、礼之细节。

又比如，明代学者屠羲时的《童子礼》更是将孩子应该做到的爱亲敬长的礼义讲了个明明白白，行走坐卧、言语应对，全都要讲究尊敬，并将这些表现列为"入事父兄，出事师尊，通行之礼"。由此足见古人对尊敬长辈这一美德的推崇，更见对孩子的教育之严格。

但是，现如今的很多家庭却像上面故事中那个家庭一样，盲目地向往"民主"，完全没有理解什么才是真正的民主，只是用一种沾点民主边的形式去生活，却实实在在地让孩子养成了一个错误的习惯，以致乱了孩子的品行培养，让他逐渐失去做人的基本美德。

不懂得尊敬长辈，孩子就会在不经意间表现出这种没有礼貌的样子，不仅是他自己的失礼，同时也是整个家庭家教的缺失。

相信现在还有很多妈妈认为，孩子只要学习好，有个好成绩，那他将来一定会成功。但是，要获得真正的成功，只靠知识是远远不够的，要"德才兼备"才可以。德行是最根本的，尊敬长辈就是德行中一项重要的内容。而且孩子一路成长，一路奋斗，都离不开长辈的教育、帮助、点拨，对长辈的不敬，只会让孩子变得肤浅。为人不讲德，必将一事无成，这几乎是一个不可被更改的铁律。

那么，提醒孩子要尊敬长辈不就行了？尊敬长辈可不只是白纸黑字，也不是简单说说，只有实实在在地在行为上表现出来，才是真正的尊敬。

所以，我们也应该回头看看自己最初的教育，当初的我们是带着怎样的心情去教育孩子的？当初我们理想中的教育生活，是不是出现大偏差了呢？请认真思考一下，不妨"有则改之，无则加勉"。

第一，重新认识"民主"，不要走上错误的教育道路。

现在很多家庭都追求民主，总觉得民主是一个很时髦的生活形式，在"民主"的家庭中，人人平等，都有发言权、否决权、决定权。这种描述看上去好像很不错，很多家庭实行这样的生活，也不过是为了让孩子能变得独立起来，能够有自己的想法。

但是，这种民主却是错误的，我们只注意到了形式，却忽略了其他。就像前面那个家庭所表现出来的一样，民主导致了错误的"平等"，长辈用名字称呼孩子，而孩子也一样用名字称呼长辈，形式上的民主却毁掉了家中必不可少的长幼有序的传统原则。

家中的民主，是只能在某些时候才有所体现的，比如，家庭讨论，孩子是可以发言的，肯定的意见、反对的意见，畅所欲言是没问题的；与孩子自己有关的某些事，孩子是可以有判断和决断的；随着成长，他的独立空间也要享受与我们同等的尊重；等等。而且，民主只是一种状态，即便是在这种民主表现之下，孩子对长辈应有的尊敬也是绝对不能少的。

关于民主，我们需要认识、理解、体会得更深刻一些，不要随便就为自己的家庭冠上"民主家庭"的帽子，结果反倒将孩子培养得无法无天。

第二，用"父慈子孝"的观念建立与孩子正确的平等关系。

"平等"绝不是父母可以直呼孩子的名字，孩子也能直呼父母的名字；也不是父母能大声呵斥犯错后的孩子，孩子也能大声声讨父母的不对；更不是父母用威严教育不听话的孩子，孩子也反过来对父母大打出手。这绝不是平等，更谈不上尊敬。

那么，什么是平等？是父慈子孝，是长幼有序。这不是谁制定的，这是天伦，是自然规律。父母对儿女无私关怀，慈爱有加，儿女犯错时提醒其更正，必要时显现"威怒相貌"让孩子警醒；而孩子尊敬父母、孝顺父母、理解父母、关心父母，这才是亲子之间正常关系的体现。

因此，父母不要从"平等"走向"误区"。在教育中提倡的平等是希望父母不要过分要求和控制孩子，要尊重孩子的人格，尊重孩子的生命体验，顺应孩子的天性，体会孩子的内心世界，倾听孩子的心声，不要一味地用"霸权"去教导。但是，也绝不是让孩子"骑在自己头上肆意行为"。如果非得跟孩子讲所谓的"平等"，那就在家、在外不要给孩子任何的"特权"，请问你能做到吗？因此，父母用平和的态度与孩子建立互相尊重的关系，该严厉的时候严厉，该温和的时候温和，这才是真正的平等。

第三，用行动来传承尊敬长辈的家风。

对长辈的尊敬，不应该是靠我们的提醒、教育来教给孩子，这种用言语表述出来的尊敬太过单薄，不够立体，也不够打动人心。孩子最终只能记住我们说的内容，却可能无法自然而然地做出来。

最直接的方式，就是让孩子看见我们的表现——在日常生活中对长辈尊敬的种种行为，如此才能让孩子更深刻地理解其中的意义。而且，生活在一个尊敬长辈的环境中，孩子自然也会开始模仿，学着我们的样子，做出尊敬长辈的行为。就好像某个公益广告中演的那样，妈妈为老人洗脚，孩子也会学着为自己的妈妈打洗脚水。

所以，说多少句都比不上做出来，不管家里家外，我们对长辈表现出了发自内心的尊敬，孩子自然也会意识到"尊敬长辈是一种好行为"。

第四，从一开始就要纠正孩子不尊敬长辈的错误行为。

开篇提到的那个家庭，中间也是有可以补救的时机的，那就是孩子第一次不是在学习而是忽然想起来直呼长辈姓名的时候。

这时他就是在试探了，因为他已经记住了这些内容，他不过是想要看看，自己这样说出来将会是什么效果。这时父母就应该告诉他，"这些名字要记住，但不能直接对着长辈说"，反复强调几遍之后，即便是很小的孩子也能领会父母的意图了。

这其实就是我们都已经熟知的那条"定律"：孩子第一次犯错的时候，就要及时纠正，这样孩子就不会无止境地犯错，甚至无止境地触碰我们的底线。所以，教育一定要"慎于始"。在尊敬长辈这个德行培养方面，也是如此。孩子第一次对长辈不敬，就要提醒他，可以严厉一些，让他意识到他做错了，并告诉他应该怎样做，以帮助他尽早养成好习惯。

第五，一定要正视西方文化和中华文化的不同。

最后我想再就中西方文化的不同做简单阐述，希望能把"家庭中的平等与民主"与"父慈子孝、长幼有序"这两个问题讲得更明白一些。

自从西方人崇尚的"平等民主"风潮吹进中国大地以后，中国人似乎也开始认为自己的教育太过"专制"，加上近几十年，"父母应该尊重孩子，应该平等对待孩子"等观点频繁地出现在中国的教育界。于是，中国的父母开始注重西方人提出的"平等"观念。但是，父母有没有想过，中国人可不可以照搬西方人的习惯，去用他们的方式和子女交流呢？

西方文化和中华文化之间存在着太大的差异。不是说谁一定对，谁一定错，而是适合大环境的、适合本民族的才是好的。西方"平等观"的文化土壤是基督教文化，在他们看来，所有的人都是上帝的孩子，都是兄弟姐妹，所以在上帝面前，大家都是一样的辈分，自然是"平等"的；但我们中华民族的深层心理仍旧是家族信仰，尽管今天的家庭结构与古代相比发生了巨大的变化。换句话说，西方人一直崇尚"自我意识"，而中华民族提倡"家庭意识"；西方人对孩子的教育是自我强大，而中国人自古对子孙的教导是光宗耀祖。这无形中就反映出，西方孩子成长好坏是他个人的事情，而中国孩子的人生成败关系着家庭的命运。所以，西方人没有养老送终、光耀门楣的概念。

因为这种观念的不同，西方父母与孩子之间互相维系和依靠的情感比较不明显，互相都是特别独立的个体，互相称呼对方的名字也不觉得不妥，包括领导与下属、师生之间都是直呼其名。这是他们的大环境。

而中国人讲究的是"父慈子孝、长幼有序"，父母和孩子之间是互相扶助、互相依赖的关系。孩子在小的时候由父母来关怀、照顾、教导成人，孩子长大之后来关怀照顾父母，为父母养老送终。在这种环境背景下，孩子会感恩父母的养育，会承担家庭的责任。

所以，父母不要盲目接纳西方人的习惯，要正视东西方文化的差异，不要把人家的"平等"不分青红皂白地拿来就用，中国的"土壤"种不活西方人的"平等"，因为水土不服。可见，在民族文化上来说，让父母跟孩子讲求西方式的"平等"会有些适应不了。

到此，我想这个问题也就讲清楚了，至于在家里到底怎么做，相信大家心中也都有了答案。

学会"兄友弟恭"，孩子常交益友

今天的家庭与过去大不相同，别的不说，单就人口来看就少了许多。

过去的家庭兄弟姐妹有许多，三四代同堂，大都是主干家庭；可是现在的家庭，一个孩子或者两个孩子，再多的就凤毛麟角了，而且还不跟老人住，大都是核心家庭。

过去的家庭中，同辈的人很多，孩子们在一起，既有亲戚关系，也有朋友之情，所以很容易看到兄友弟恭的场面，而且同龄人在一起，哥哥姐姐就是弟弟妹妹的榜样，彼此之间谁有了好的表现，也都会成为标杆。但现在的家庭就不一样了，全家上下就这么一两个金贵的宝贝，孩子们享受了太多被宠爱，逐渐都养成了"唯我独尊"的个性。

如果家庭中不能提供兄友弟恭的环境，那么我们就应该为他寻找合适的伙伴，只有通过与这些伙伴的相交，才能让孩子拥有一个完整的童年。

从孩子的角度来看，交朋友很简单，一起玩一次，友谊就立刻建立起来了，对于其他方面是不会有过多考虑的。显然这种简单的方式有助于孩子交更多的朋友，但并不一定会给他带来更多的"好"朋友。

年龄越小的孩子，对朋友的定义也就越简单，可是一个不小心，他也会因为结交了"损友"而受到朋友的影响。我们谁也不愿意眼睁睁看着一个原本还不错的孩子因为接触了他人的不良习惯也变得顽劣了，所以在朋友的选择方面，我们也要引导孩子掌握正确的交友原则。正如明代学者吕得胜在《小儿语》中说的："要成好人，须寻好友，引酵若酸，哪得甜酒？"可见，结交益友对于孩子的重要性。

首先，为孩子做好基本的"交友准备"。

交朋友这一行为，意味着孩子要走进人群中去，要展现出让别人觉得可以与他成为朋友的一面，然后才可能会交到更多的朋友。那么要展现什么、如何展现，就要看我们提前为孩子都做了哪些"交友准备"了。

孩子一定要有礼貌，最基本的"你好、谢谢、对不起、没关系"等礼貌表达要成为他的习惯，这会让他在交友过程中显得很谦逊；也要让孩子多看几本书，会讲故事的孩子、会讲笑话的孩子、会折纸画画的孩子，往往都能在小朋友圈子中很受欢迎；没必要给孩子准备太多昂贵的"装备"，鞋袜帽衣、玩具图书，不管多贵的东西，在孩子们看来都是没分别的，他们更喜欢一起玩的快乐，而且不通过孩子露富，也是我们应该记住的原则，这也是避免给孩子和我们自己找麻烦。

其次，鼓励孩子的交友行动。

孩子总会对同辈人产生一种格外的关注心理，即便是很小的孩子，也会在看见其他孩子之后出现想要靠近的意思。我们不能为了给孩子找"益友"，就限制他的正常交友行动。

孩子接触多多的朋友，但并不意味着他会和这些人一直交往下去，如果仔细观察我们就会发现，随着时间的推移，孩子身边的朋友就会被筛选、被替换，这也就意味着孩子自己也会有一定的交友选择。而他的选择标准，显然就取决于"交友准备"，孩子会根据这些自己已经养成的习惯，自动选择朋友。

当然了，有些孩子的确品行不算好，我们的孩子一时之间还难以分辨，那么我们也可以提醒他一两句，告诉他那些不好的行为他一定不能学。也许要不了多久，孩子自己就意识到对方并不是自己想要长久为友的人了。

再次，不要让孩子"霸道"交友。

交朋友是一个两方面的行为，我们的孩子在选择对方，对方也同样在选择自己想要的朋友。有时候，孩子兴冲冲地去了，但对方可能就是不愿意与孩子做朋友，这时候孩子的情绪可能会愤怒，也可能会低落。有的孩子可能会很霸道，要求对方必须和自己一起玩；而有的妈妈也会有些偏激，说一些类似于"他不和咱们玩，咱们也不和他玩"的话，结果使孩子变得斤斤计较。

告诉孩子：交朋友是两个人的事，你喜欢他，但他不一定喜欢你，这没什么。你可以礼貌地请求，如果他不同意，那就换一个人，朋友一定会有的。当然，也许他这会儿没那么喜欢你，但过一段时间他发现你还不错，你们也会成为好朋友。所以没必要强迫别人。

最后，教孩子维护良好的友谊。

朋友不是说交上了就算了，友谊是需要好好维护才能继续下去的。所以孩子从交上朋友开始，与朋友好好相处，彼此一起快乐地玩，有好吃的一起分享，和朋友好好聊天说话，有机会就互相串串门。

吕得胜的儿子吕坤在《续小儿语》中也说"待人要丰，自奉要约。责己要厚，责人要薄"，正是给我们提出了一个与人交友的好规则。

对于年龄较小的孩子来说，友谊是很单纯的，那么我们就不要再过多地干预了，教给孩子最直接的维护友谊的方式就好。最重要的是要提醒孩子：诚实、守信、宽容、友爱、尊重等礼节，一样都不能丢。

交朋友也不只是与同龄人相交，也是在与朋友的父母相结识，拥有这些德行礼节，也会让朋友的家人对孩子有一个的印象，这样将更利于孩子间友谊的延续。

因为爱你，所以管教你，就像给小树修剪树枝

每一位为人父母者，都有教育这项重任在肩，"养子弟，如养芝兰。既积学以培植之，又积善以滋润之"，而且"长幼尊卑之分，不可不严。贤否是非之迹，不可不辨"，"责以严，则长无悖逆之患。教以分别，则长无匪类之患"，这些内容出自陈宏谋《训俗遗规》中辑录的王朗川所撰的《言行汇纂》，其中可见教育孩子所必须做的事情。

这些就是管教，我们都爱孩子，爱与管教是要并行的，而且正因为有爱所以才要管教，否则爱得无度，孩子也就长歪了。

但是，孩子都不喜欢被管教，尤其是遇到性子急躁或者脾气不算好的父母，孩子便可能会生活在一个较为紧张的环境中，孩子的种种行为总是会受到管教，这就会让孩子也随之变得紧张起来。尤其是一些父母的管教方式非常严厉，不仅言辞训斥，还可能会有打手心、打屁股这样的动作出现，那孩子就更不喜欢接受管教了。

但若要表达爱，除了温柔一定还要有严厉，毕竟孩子的成长是一个摸索的过程，就算我们为他提供了非常正向的环境，他也会因为认知、理解以及自己情绪的变化而出现问题，所以管教是必需的，就像给小树修剪树枝一样，是孩子成长过程中必不可少的行为。

这时问题就出现了，如何做才能让孩子理解我们管教他的意义所在呢？应该怎样让孩子意识到，我们对他的管教其实正是爱他的最大体现呢？

先来看一个反例：

孩子和幼儿园的小朋友打了一架，老师向孩子的妈妈描述了打架的原因和当时的情形。原来孩子和另一个小朋友都看上了同一个玩具，但对方下手更快，先玩了起来，孩子觉得自己吃了亏，上前去抢，对方也不示弱，两人为了一个玩具打了起来。

妈妈沉着脸把孩子带回了家，进门就训斥了起来，一番大道理讲下去，妈妈越说越生气，孩子却撇着嘴，眼泪不停地掉，并没有承认错误，反倒一脸的不服气。妈妈生气地说："这是敢反抗了吗？我不管你，你将来就变成坏人了！我管你才是爱你，你还不服气，错了都不知道承认！"

孩子并没有注意到妈妈说这话的真正含义，反倒听见了"坏人"两个字，他认为妈妈说他是坏人，这让他感到更难过了。

孩子打架，要管教，这是毋庸置疑的，但是这位妈妈的这一番管教，可能并没有解决问题，反倒增加了问题。无论妈妈再怎么强调"管你就是爱你"，只要孩子没有真正理解，那这番教育就不能算是有效的。

既要让管教见效，也要让孩子理解，来试试这样的一些做法吧！

第一，给予孩子有效的管教。

管教应该是正面的。不能只期待着孩子自动就能听话、守规矩，而要通过管教，让孩子自己意识到"守规矩才是正确的"，这样的管教才不会引起孩子的反感，从而才能让他有自我管教的意识。简而言之，管教孩子的终极目的，是让他有自我管教的能力。

管教孩子时，要尊重孩子，这是为了告诉他，管教是为了他好；也要让他懂得尊重我们，这是为了让孩子意识到我们管教他的坚定信念。同时，要理解孩子出现的不当行为的背后动机，必要时多和他沟通，给他思考与解释的机会。最重要的是，要理解孩子的世界，孩子对某些问题的看法和感受与成人是不同的，即便是管教，也要在理解他的基础上进行。

另外，对孩子的管教也要专注于解决问题，要是能让他有所长进的管教，而不能只是单纯地训斥几句就算了。多鼓励，让孩子在心服口服中接受管教。

第二，选择合适的管教方式。

管教不是惩罚，有的妈妈总会把这两种行为搞混。管教是有理有据的，是在修剪小树的枝叶，可惩罚则不然，惩罚也许只是我们在单方面的泄愤，也可能只是为了让我们自己心里感觉好受一些而已。

怎样的管教才是合适的？这取决于孩子的问题，以及我们对这些问题的理解。只用一种管教方式，可能并不能解决孩子所有的问题，比如，孩子犯了小错误，指出他问题的所在，如果能引导他自己去发现正确的做法，并肯定他后来的改正，这一管教过程就算结束了；若是孩子明知故犯，除了纠正问题，更要了解原因，此时也着急不得；如果孩子犯了原则性的错误，那么管教可以严厉一些，除了训斥，也可以适当给孩子一些疼痛的教训，打手心、打屁股，几下就可以，让他知道疼，知道他是真的错了，毕竟这涉及他未来人生的发展，所以越早解决问题，对他的成长才越有利。

具体问题具体分析，是决定管教能不能成功的必要条件之一。当然，不管怎样的管教，都要适可而止，要让孩子在管教中有收获，不能只是为了让他体验我们的权威而去管教他。

第三，管教后一定要有爱的表达。

孩子在被管教之后，都会有一种错觉，认为一直对他那么温柔的妈妈，忽然严厉地纠正他、训斥他，甚至打了他的小屁股，是不是就此不喜欢他了，这种错觉往往都是管教失败的原因。管教是出于爱，这个管教的终极意义是一定要让孩子理解的。

因为女儿犯了错误，妈妈好好管教了她一番。待妈妈管教结束，刚起身要去做别的事情，却发现女儿的泪眼一直紧紧盯着自己，最后小声地说："妈妈，亲我一下。"妈妈虽然依然有些生气，但还是给了她一个吻。

这个索吻的孩子，其实就是想知道，妈妈训斥过后是不是还爱她。

管教后一定要有爱的表达，要让孩子感受到管教他是为了他好。不过，不要总是把这类话说出来。有的妈妈会一直苦口婆心地对孩子说"我管你都是为了你好"，这种反复强调并不会引起孩子的重视。这种话其实不需要多说，只要多做就好，在管教后抱一抱孩子，告诉他我们对他的期望，给他一些鼓励。另外，管教后就不要总是旧事重提，依然如以前一样对他疼爱有加，用行动来表现我们的爱，才更能让孩子理解管教对他的意义。

每天都要有的"全家读书"时间

若想要培养孩子的好品格，最好的方式之一就是让他去读书。文字凝结成的内容，会让孩子在看的过程中去思考、体会，很多东西便也经由他自己的理解而内化为他所有。而为孩子买书，也就成了很多父母都会主动去做的一件事。

为孩子准备足够的书籍，这是正确的做法。但是，当孩子读书的时候，你在做什么呢？一些妈妈会把读书看成个人的事，孩子应该自己读书，我们也有自己的读书时间，却从来没想过，"全家读书时间"其实才是最能让孩子受益的。

如果只是孩子自己在读书，他很快就会厌烦，年纪越小的孩子，厌烦得越快，因为他还理解不了文字表达的意义，即便是绘本，他关注的也不过只是其中的一两个角色或者一些动作，至于一本书或者一个故事到底讲了什么，他基本是看不懂的。

而如果是我们自己的读书时间，孩子一定不会那么容易就"放任"我们休闲逍遥，他会询问，也会想要凑个热闹，有时候还会要求给他讲一讲，这就导致我们无法安心读书。

其实孩子对我们的这种"骚扰"，已经向我们发出了一个信号，那就是他渴望读书，但他渴望的是与我们一起读书，所以全家一起参与其中的读书时间，才能让孩子与书的关系变得更为融洽。

阅读是一件美好的事，能让孩子安静下来，能拉近我们与孩子之间的距离，所以最好每天都能安排一段全家阅读的时间。

第一，选择合适的纸质书作为"全家读书"的对象。

在科技飞速发展的现代社会中，提到"读书"，人们最先想到的已经不是"手不释卷"这样的场景了，而是人手一个手机、平板电脑、电子阅读器。电子阅读时代的到来，让读书这个行为有了另一种表现。

不是说电子阅读不好，但对孩子来说，他并不合适使用电子产品去阅读，因为这些电子产品对孩子的视力发育是有损害的，而且很多电子产品并不只有单一的读书功能，一旦孩子发现了其他的功能，那么他就可能会选择放弃看书。所以，全家共读的时间里，我们应该选择合适的纸质书，一页一页翻看，有手感，也有看书的成就感。

在书的内容方面，要严格把握，根据孩子的年龄特点和理解能力，选择内容积极向上的书籍。要注意的是，不要太早给孩子读不符合他年龄特点的书，因为他的阅历还不够，如果贸然让孩子读一些超出他理解范围的书，哪怕是经典之作，也可能让孩子产生误解。让孩子在最适宜的年龄与最适宜的书籍相遇，这应该是给孩子选书的一个重要标准。当然，这可能并不是一次就能成功的，所以我们应该多听多看多了解，先不求多，但求精最好。

第二，从"共读"向"各读"慢慢过渡。

共读，就是和孩子一起读一本书；各读，就是孩子和我们各看各的书。从共读到各读，这是一个需要慢慢过渡的过程，最开始是我们和孩子"共读"，随着他慢慢长大，可以自己看书的时候，我们再过渡到各读。这个过程将会有些长，可能需要好几年甚至更长的时间，所以我们也要有耐心。

共读，就是要为孩子读故事，也要和他讨论故事中的内容，但不要一味地向他灌输书中的知识、道理。可以试试改编一下故事，或者将故事的结尾续讲下去。这样，孩子既学到了书上的东西，也能和我们产生互动，有助于他养成边读书边思考的好习惯。

等到了各读阶段，我们和孩子每个人都能看自己想看的书，当然这种看也不是各看各的，彼此也要有交流互动，可以将自己看到的内容说出来，讨论一下，或者彼此推荐一下，这样全家人一起看的书也将越来越多，孩子的品位也将通过阅读而得到进一步提升。但前提是我们自己一定要看好书，时尚、娱乐类杂志，最好少在孩子面前翻阅。因为在孩子眼里，看花花绿绿的杂志，是休闲娱乐，而不是读书学习。

第三，保证足够且有效的读书时间。

和孩子一起读书是一种好习惯，而不是一个不得不完成的任务，有的妈妈总是匆匆忙忙地给孩子读一两个故事就算是读过书了，岂不知这只能让孩子觉得读书没意思，连妈妈都不愿意安心去读，他对书的印象也不会好。

所以，选择一个合适的时间段，保证一定的阅读时间，尽量做到雷打不动，尽量做到充分利用，让孩子养成认真读书的好习惯。

在读书过程中，要保证孩子真正把书看进去，而不是干等着耗时间，所以要为孩子选择合适的书籍，陪着他一起看。我们也要投入到书中去，不管是简单的故事还是其中的插图，最好能和孩子有个简单的互动，以保证孩子的注意力能停留在书的内容中。而一旦开始看书了，其他活动就先暂停，电视不要开，手机也要收起来，我们专心致志的态度以及营造出来的阅读氛围，会让孩子也能安下心来。

第四，教孩子学会爱惜保养图书。

读书时间显然与玩耍时间是不同的。图书是我们的精神食粮，也是滋养孩子精神世界的最佳肥料，所以我们理应敬重对待。而孩子对书的态度其实与对他其他的玩具是没有什么不同的，乱丢、乱放、撕毁、乱写、乱画等情形也就时常出现。

要读书，必然要爱惜书，这也是孩子自小就要养成的好习惯。《弟子规》中讲："列典籍，有定处。读看毕，还原处。虽有急，卷束齐。有缺坏，就补之。"朱子《童蒙须知》中也提到："凡读书，须整顿几案，令洁净端正。……凡书册，须要爱护，不可损污绉摺。济阳江禄，书读未完，虽有急速，必待掩束整齐，然后起。此最为可法。"

　　所以，我们要用正确的态度对待图书，拿的时候要轻拿轻放，读的时候要小心翻页，看完之后要整理整齐放回原处。看书的时候，周围不要放置太多杂物，尤其是食物饮料和容易留下污渍的东西。如果对书有损坏，就及时修补。我们对书的态度，也将深刻影响孩子对书的态度。

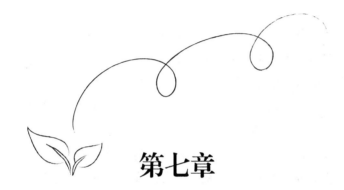

第七章
上幼儿园了，你喜欢新环境吗

一般而言，满 3 岁之后，大部分孩子都要进入幼儿园，开始他从没有体验过的全新的集体生活。但也正是因为从没有体验过，有相当一部分孩子对幼儿园的感觉并不算好。如何让孩子能顺利适应幼儿园的新环境，也就成了我们必须好好考虑与应对的问题。

要上幼儿园了，怎样平缓度过"分离焦虑期"

孩子上幼儿园，是他第一次离开妈妈爸爸，到一个全然陌生环境中去与许多不认识的小朋友相处，去接受陌生老师的引导与教育。

这是孩子人生道路上一个全新的体验，但也不得不说，这是很多孩子人生中的第一个"坎儿"，大部分孩子都没办法平静地迈过去，往往会进入"分离焦虑期"。

所谓"分离焦虑"，是指年幼的孩子因为突然与亲密的抚养人分开而表现出来的消极、不安、焦虑的情绪与行为，要么是哭闹不止，极为抗拒；要么是自己闷闷的，完全没有了之前在家快乐的样子……一般而言，大部分孩子都会有分离焦虑，只不过表现程度不同，出现的时间长短也不一样。

如果要进入幼儿园，那么孩子势必与妈妈分开，于是妈妈也就不可避免地会经历这样一场分离焦虑。所以，不仅是孩子有焦虑，很多妈妈也会因此而产生焦虑。

孩子的焦虑来自于他和妈妈的分离，他要离开最亲密的妈妈，尽管可能只是半天或者一天的时间，但这对他来说也是不能忍受的，他会觉得自己被妈妈丢下了，而且还要面对一群不认识的小朋友和老师，他会紧张、会害怕，所以才会焦虑。

与孩子的焦虑不同的是，妈妈的焦虑则完全来自自己的情绪变化和种种想象。看到那个一直依赖在身边的孩子转身走向了陌生人群，妈妈会觉得失落，尤其是一想到他将对着老师和其他孩子展现过去只对妈妈展现的信任的笑脸，这会让很多妈妈有些不适应。还有的妈妈也会觉得，幼儿园老师毕竟不能做到一对一地为孩子服务，便开始想象，孩子是不是吃不饱、睡不好，是不是受了欺负，有没有被冷落，再加上有些孩子因为分离焦虑而不停地哭泣，更会让妈妈感到揪心。于是很多时候，妈妈的分离焦虑可能比孩子的分离焦虑还要严重。

所以，每年的入园季一到，很多幼儿园门口都会哭声一片，孩子抱着妈妈爸爸、爷爷奶奶、姥姥姥爷的腿不肯撒手，而这些成人也是一脸无奈、一脸不舍，有的孩子会在老师的劝导下松手，有的妈妈也会帮着老师拉开孩子，但也会有人因为不能忍受孩子的哭闹，而选择把孩子抱走，远离幼儿园。

因为孩子的哭闹就选择不让他去经历分离，这并不是一个明智的选择，因为他的分离焦虑可能会延后发生，或者变得更为严重。

每个孩子刚进入幼儿园的时候，都会有不同程度的分离焦虑出现，所以妈妈不如提前给自己打好"预防针"——"孩子多半会哭"，还是尽早开始为此进行准备，让孩子慢慢地接近这种分离，让他的焦虑变得轻一些，并尽可能迅速地结束。

若想孩子到时候没有那么强烈的分离焦虑反应，妈妈应该从平时开始做起。孩子还没有去幼儿园的时候，就要经常和他有互动，在他内心建立起足够的安全感，让他时刻感受到你对他的爱。而家中的所有人，都要用积极乐观的态度和情绪与孩子相处，保证孩子的情绪稳定，以减少他的慌乱感觉。

而随着去幼儿园的日子的临近，就要有计划地让孩子适应妈妈不在他身边的时间，鼓励他自己看书、自己玩耍，同时要更进一步地培养孩子的独立吃饭能力，并逐渐训练孩子养成有便溺就要说出来的好习惯。

孩子做这些事情的时候，你要多鼓励他，同时要让孩子意识到，不管妈妈是远离他的视线，还是鼓励他自己动手，都不是要丢下他不管，妈妈依然爱他，最后还是会回到他的身边。这样孩子对你会产生信任感，即便将来要离开你去幼儿园，他也能坚守"妈妈一定会来接我"这个信念，而不会因为不见了妈妈就变得什么都不敢动、什么都不会做。

最好能提前一些日子和孩子聊一聊幼儿园，要经常和他说幼儿园的好，告诉他幼儿园里有什么，他将会在幼儿园中遇见更多的小朋友，将会和老师有怎样的相处。

尤其要注意平时不要用"幼儿园"的话题去吓唬孩子。比如，孩子不好好吃饭，有的妈妈会说："你看你要是不好好吃饭，等你将来去了幼儿园，老师就会批评你，不给你好吃的，别的小朋友也会嘲笑你。"这样的说法无疑会增加孩子对幼儿园的恐惧感，也会让他对老师产生畏惧感，等到真的要去幼儿园时，他的分离焦虑就会比较严重。

所以，尽早在孩子内心建立对幼儿园的好感很重要。除了和他多聊聊幼儿园的事，经常带他去看看幼儿园的活动也是有必要的，让他看看他即将要去的地方是什么样的，让他看看幼儿园里的小朋友们高兴地玩耍的场景，看看老师带着大家做操、活动的样子。如果有机会，带着孩子和已经上幼儿园的小哥哥小姐姐们结交一下，听他们说说幼儿园里的故事，这些都会让孩子提前对幼儿园有所了解，使他对幼儿园不再感到陌生，同时也会因为一些有趣的事，而让他对那里产生些许期待。

另外，可以给孩子准备好小书包、小水壶，告诉他这些都是他上幼儿园后才能用的新装备，这也会让他觉得去幼儿园是一件不错的事。如果孩子有一起成长的小伙伴，也可以和对方的妈妈商量好，让孩子们彼此结伴，有熟悉的小朋友在，多少也会减少孩子的害怕心理。

当然了，尽管前期准备活动做得非常周到，可真到了要走进幼儿园的时候，孩子还是会害怕，"临阵脱逃"的事就算发生了也是很正常的。

孩子在幼儿园门口一下子哭起来，可不要训斥他"不是说好了吗，怎么还哭，真没出息"，因为他可没有那么好的调节能力。别说是孩子，就算是成年人，突然去了一个陌生的地方，内心也会敲起鼓来，总要鼓起勇气才能继续做下面的事情。所以，孩子这时候的哭，只是他对陌生环境的一种反应，他是在用哭闹来抗拒那种陌生与紧张，也希望用自己的哭来唤起妈妈对他的关爱。

这时老师都会安抚孩子，以保证能把孩子领进幼儿园里去。那么妈妈就应该配合老师，不过不要强硬地推开孩子，而是要顺应老师的要求，告诉孩子来接他的时间，然后就坚定地与他挥手告别。在这之后，就要信任幼儿园，并做好孩子会在幼儿园哭泣的心理准备。

接下来的时间里，孩子可能会连续一段时间对上幼儿园有排斥的心理，但妈妈要经常鼓励他，并给他准备合理的饮食，以免他因为哭闹而上火，甚至因此导致免疫力低下而闹病。同时，也要经常和老师联系沟通，更好地配合老师。

处在分离焦虑期的孩子，可能会有各种各样的问题，妈妈也要尽量放轻松去应对，只有你放轻松了，孩子才会放轻松。如果你还是觉得有问题，那就去找老师咨询一下，多听听老师的解释，也有助于减轻你自己的焦虑。

另外，每个孩子的分离焦虑时间长短不同，短则1个星期、1个月，长则3个月甚至更长，妈妈要耐心应对，不要盲目比较，多将注意力放在自己孩子身上，安抚他的焦虑情绪才是最重要的。

每天晚上按时休息，不然会迟到

家有幼儿，能否做到每天晚上按时、及时休息非常重要，否则孩子要么睡眠不足，影响身体发育；要么孩子很晚才起床，上学迟到。

"日高不起，白昼打眠"，这是明代学者高贲亨在《洞学十戒》中提到的戒律之一，所谓"戒"，便是警示，就是不能做这样的事情。《洞学十戒》的对象，都是幼小的孩子，这就是要求他们从小就要以此为戒，从而养成好习惯。显然，这一条提醒的便是，晚上要按时休息，以便早晨能按时起床，不能日头升老高了却还不动，也不能白天却还在睡觉不起。

　　可见，按时休息、早睡早起也是孩子应该养成的好习惯，但是现在的很多孩子却完全做不到这一点。没有上幼儿园的时候，大部分孩子的作息几乎都是"顺其自然"的，困了才睡，什么时候睡醒了才起床，对于不需要"按时"出门的孩子来说，这样的作息也无可厚非。可是一旦开始上幼儿园了，他就将进入人生中的第一个"遵守统一规矩"的阶段，他必须按照幼儿园规定好的时间出门入园，否则就会迟到。

　　在最开始去幼儿园的日子，孩子内心是没有迟到这个概念的，他只有"想去"和"不想去"这两个想法。好不容易从幼儿园里回来了，终于见到一天没看见的妈妈了，他就会疯玩起来，以至于晚上不愿意睡觉。睡得晚起得也就晚，迟到就难免了。如果就此养成了习惯，每天晚上都做不到按时休息，这就不仅仅是迟到的问题了，也会影响孩子的身体发育。所以，孩子开始上幼儿园后，就可以趁着这个机会来纠正他的生活坏习惯。

　　不过对于这一点，有人会有不同的看法，有的妈妈就认为："孩子还小，这幼儿园也不是小学，不用那么正规，迟到也算不得什么。"这样的妈妈只顺从孩子的意愿，孩子不想起就把上学时间往后拖，而且根本不和孩子提及迟到是个错误，到了幼儿园也只是简单地跟老师解释一下，以至于孩子自己对迟到也毫不在意。

　　这其实并不好，幼儿园每天的活动都是安排好的，如果迟到，孩子就会错过一些活动，与其他小朋友的进展就会出现不同步。当其他孩子都已经安安静静地在看绘本、玩玩具了，我们的孩子才刚进门，脱衣服、换鞋，有的孩子甚至还吃着东西，这不仅打乱了班里正常的活动秩序，也会让孩子一时间不知道自己该做什么。

除了孩子自身的原因，在他迟到这件事上，父母也有责任。有的父母自己晚上睡觉就晚，早上起不来，孩子也就跟着起晚了，时间不够用，早饭顾不上吃，早起好像打仗一样，急急忙忙赶到幼儿园，也还是迟到了。

针对这样一些情况，我们就应该从孩子的作息习惯入手，培养他逐渐养成重视时间的良好习惯，让他学会管理好自己的时间。

第一，控制好每天晚上的活动时间。

很多孩子会在晚上的时候玩得格外疯，因为大部分家庭中妈妈爸爸们白天都是要上班的，只有在晚上才会全家团聚，孩子一个白天没有和亲人亲近，所以晚上自然会热情许多。有的妈妈爸爸也会有这个想法，到了晚上就会陪着孩子多玩一会儿。晚上的时间毕竟不长，一个不留神就会玩过时间点，孩子也会越玩越兴奋。

孩子不愿意也不太会自我控制时间，这个任务就要由我们来完成了。如果回家时间尚早，可以和孩子玩一个小时，但不要做剧烈的活动，以免调动起孩子的兴奋神经。看看书、讲讲故事，做一些安静的游戏就好。如果回家时间已经晚了，就更不要再和孩子玩什么游戏了，若是到了孩子要睡觉时，就给他讲讲睡前故事，满足他和妈妈爸爸临睡前也要玩一会儿的小愿望就足够了。

而作为成年人的我们，也要控制好自己的夜间活动，不管是看电视还是玩电脑、手机，都不要耗到太晚。最好给自己定个闹钟，保证自己早晨能起得来，因为还要给孩子准备好早饭，并留足时间叫他起床。

第二，帮助孩子改正不愿早起的毛病。

有的孩子晚上睡得并不晚，但早上就是不起床，这也是他作息时间不规律的表现。早上不愿起，不只有赖床的原因，还有的孩子是不想去幼儿园。有的妈妈会掐着时间，强硬地将孩子从床上拽起来，结果孩子闹起了起床气，又哭又发脾气，因为他有"起床气"（不愿意起，起床后就莫名其妙地开始大哭，怎么哄都不管用，然后就是各种找碴儿、委屈……），妈妈再一着急，这早上的情绪就变得不那么愉快了。

与其这样，我们倒不如帮助孩子改正这发懒不起的毛病。比如，给孩子也准备个"闹钟"，选择他喜欢的音乐作为叫早铃，提前告诉他这个音乐是专门叫他起床的，通过逐渐训练，让他对这个音乐产生条件反射。也可以简单地给孩子的手脚做做早操，同时轻轻叫他的名字，或者用他喜欢的卡通形象来激励他起床。

第三，给孩子讲讲为什么不要迟到。

孩子对迟到是没有概念的，但是如果他去的时候别的小朋友都已经开始做游戏了，老师也并不那么高兴地迎接他，他也会感觉不太舒服。我们不如将他的这种感觉放大来说，告诉他迟到会让人感觉不舒服，会让他错过和大家的游戏，错过老师的表扬与鼓励，错过好吃的早饭。

这些错过可能都是孩子不想看到的，借此让他意识到迟到是不愉快的，他也会自己记得不要迟到。接下来，我们还可以将迟到是不好的表现这更深一层的意思也慢慢表达出来，并结合我们自己的经历，告诉他所有人都不能迟到的道理，这会更加深他的时间观念。

第四，节假日里也要延续好习惯。

在良好作息习惯培养过程中，节假日是一个不好过的坎儿，很多孩子都会出现"5+2"的作息规律，如果遇到长假，那孩子的作息就会变得一团乱，等到再上幼儿园时，总要调整好一段时间。

这其实是对我们提出了要求，那就是节假日也不要放松孩子的作息习惯培养。节假日里的睡眠和起床时间最好不要有变化，当然如果发生了变化，也要和孩子好好讲清楚，而且在马上要回幼儿园的时候，就开始进行调整，逐渐将被打乱的作息调整回来。

第五，坚持每天都要送孩子去幼儿园。

"迟到了，那今天干脆就不去了"，这是很多人特别是老人在应对孩子迟到这件事的态度。这会给孩子带来错觉，认为幼儿园是可去可不去的，他自然也就不愿意遵守规律的作息了。

所以，不要由着孩子的性子来，我们要调整心态，还要帮着老人调整心态，培养孩子良好的作息习惯，就要尊重他的成长，鼓励他每天都要按时去幼儿园，从小就在他内心扎下守规矩的信念。

坏了，在幼儿园养成了坏习惯

在还没进入幼儿园时，孩子接触最多的是家人，我们自然会为了防止他学坏而尽量在他面前展现良好的方方面面，可是等走进了幼儿园，他接触到的人群范围一下子就变广了。对于孩子来说，幼儿园是他深入其中的第一个社会性环境，在这里，他会遇到各种各样的人，也会经历各种各样的事。

孩子们有各自的好习惯与坏习惯，有些行为可能是你家中所不允许的，但在其他家中就是习以为常、无所谓的。孩子们因为家庭背景、习惯的不同，就会有各种不同的表现，而且老师也会有属于她/他自己的习惯，善于模仿的孩子总会因为好奇而开始学他人的种种言行举止。

不过，孩子此时对好坏的区分能力是有限的，他模仿来的行为有好有坏，好的行为还能让我们觉得"啊，去幼儿园是有效的，这不已经开始学好了"，可一旦学了坏行为，那我们就会无比头疼了。

有一位妈妈就在网上求助说：

女儿自从上了幼儿园，身上可是长了不少毛病。就拿吃饭来说，以前她什么都吃，从不挑食，也不怎么乱吃零食，可去了幼儿园以后，也不知道跟谁学的，饭也不好好吃了，总是嚷着要吃零食，还说他们班上小朋友总是带零食去吃。

而且她还学会了抢东西，以前都很乖的，说不让拿就不拿，现在真是一被拒绝就闹脾气，抢东西、扔东西，还会打人了。最让我头疼的是她这张小嘴，学会了说脏话，还说小朋友们都那么说，小姑娘家的，还时不时就"大便""大屁"的话出来。

上个幼儿园，反倒上出了一身毛病，这可怎么办呢？

进入社会性环境，我们就要做好心理准备，外在的环境不可能像在家那样，给孩子剔除各种不良因素。即便是幼儿园里，老师也可能已经尽量在为孩子营造一个干净安全的环境了，可是孩子们是自由的，一些不好的习惯在短时间内可能还无法完全阻隔。

更何况，模仿的确是孩子的天性，不是说我们提醒他"不要学"，他就不去学了。相反，我们让他不要做的事情，他可能还会特意将注意力转移过去，而且会因为好奇去给予更多关注。

其实我们也是这样的，比如，现在有人提醒我们"不要想蓝色的太阳、会飞的猪，千万不要想"，请问你能做到吗？是不是现在已经开始想"蓝色的太阳、会飞的猪"的形象了？

孩子的自控力更差，所以你也不要期待靠提醒他"不要"来阻止他对坏习惯的模仿了。因为提醒"不要"是没用的，反而成了引导他"要"了。

既然"堵"是不可行的，那我们就换成"疏"的方式好了。怎么算"疏"？试试下面这样的做法。

首先，不要气急败坏地对待孩子学来的坏习惯。

从前没有的坏习惯，从前被我们千防万防的错误行为，上了几天幼儿园就突然出现在了孩子身上，这对我们也是一个不小的冲击。有的妈妈感觉，自己之前教育了那么久，让孩子乖巧听话，这才去幼儿园没几天，孩子就变坏了，因此就会很生气。有的妈妈还会将气都撒在孩子身上，说他"好的不学，专门学坏"。

但这是孩子走入社会的第一步，这怨不得他。孩子对自己没见过的行为都会好奇，对自己没有经历过的事情都想要尝试一下，这是他的天性，所以我们不能将气都撒在他的身上，而是要针对他已经学来的坏习惯进行合理的纠正。不能严厉地训斥，应该坚决地表达自己的态度，让孩子知道他学来的这些是错误的。

其次，正向纠正孩子的错误行为。

对于孩子的错误表现，很多妈妈的教育方式都是这样的："那样不对！你不能那么做！这是跟谁学的啊，真是不学好！你就是这么不听话，妈妈什么时候不看着你，你就准干坏事！"

瞧瞧，从头至尾，一直在训斥孩子的不对，而且还上升到了"不听话""干坏事"的高度，听到这样的训斥，孩子其实是很委屈的。

我们从指责的角度去阻止他的行动，可却只说了一半的话。"不能那么做，那应该怎么做？"孩子内心的想法其实是这样的，他需要更明确的提醒和指导，所以我们应该从正向角度去纠正孩子的错误行为。

比如，孩子学了挑食的毛病，就提醒他"不能挑食，要像妈妈爸爸这样，什么菜、什么饭都吃，这样才有好身体"，并且在日后的饭食中，依旧保持原样的五谷搭配，不给孩子挑食的机会，这样一来，孩子也会慢慢地明白，怎样做是错的，怎样改是对的，什么样的行为是坏的，怎样的行为又是值得提倡的，这才有助于他逐渐积累明辨是非的经验。

再次，不破坏孩子与其他小朋友之间的关系。

孩子的模仿也不是什么都学的，他模仿的人可能与他关系非常好，正是因为彼此关系好，所以才会有彼此同化的效应在其中。还有的时候，孩子可能就是觉得某种行为很合他的心意，他才跟着小朋友学的。而一旦彼此之间有了共同的行为、习惯和喜好，孩子们也会更愿意凑在一起玩。

纠正孩子的某些行为习惯，只要将注意力放在这上面就好，不要转移到孩子的朋友关系上去，不要说"他习惯不好，你不要和他玩了"，否则会影响孩子的情绪。同时，也可以一一为孩子进行分析，让他意识到朋友身上的哪些习惯是好的，哪些行为是可以学习的，错误的、不好的就不要学习。时间久了，随着他对是非善恶的分辨能力的提高，他也会慢慢明白交朋友也不能失去自我这个道理。

最后，与老师和其他父母配合教育。

幼儿园里的孩子们彼此影响，如果能学到好的行为习惯，自然更有利于我们孩子的成长。所以我们也要经常与老师和其他父母进行沟通，注意发现孩子们的好习惯，主动虚心地听取老师和其他父母的意见，及时帮助自己的孩子改正坏毛病。

如果发现了其他孩子有问题，我们也要诚恳、及时且委婉地向老师和孩子的父母提出来，从而为所有孩子的成长提供更好的环境。

在跟孩子交流时，也要用一种公正的表达，不能说"那样做的都是坏孩子"之类的话，这样的评价是非常武断的，会给孩子自身的价值判断带来困扰。另外，孩子童言无忌，一旦直接在大庭广众下说出来，那可能就会引发不必要的麻烦，也不利于孩子之间、我们与其他父母之间的关系发展。

孩子总受欺负，到底该怎么办

走进幼儿园，孩子就进入了一个复杂的小环境。在这里，孩子将会经历许多他以前从没经历过的事，而有的可能就会"被欺负"。

有这样的经历，也与孩子自身的成长发育有关。

比如，孩子们的语言发展还没有那么好，交流起来存在一定障碍。可在家里，即便他表达不清，他的一个眼神、一个动作也能让家人知道他要干什么，所以他习惯了这种"能轻易被人理解"的感受，但同龄小朋友却不可能有成年人那样的领悟力，势必会不明所以。

又如，在上幼儿园前，他的交往经验少得可怜，没法明确表达自己的意图，也不知道该怎样与人相处；而一些孩子在家里又习惯了被"众星捧月"，都希望自己是中心，凑在一起，一山难容几虎的场景也就出现了。

再如，孩子的性格特点各不相同：有的孩子可能会更强势一些，有的孩子可能本身就比较懦弱，有的孩子可能只顾着自己好玩就行，而有的孩子又对这样的行为从来不自知……孩子们之间可能就会产生各种冲突。

这些情形综合起来，孩子会"受欺负"也就自然而然地发生了。

孩子们彼此出现冲突的起因也各种各样，争抢玩具、食物，因为喜欢却不知道应该怎样表达，为了帮助好朋友，单纯地为了好玩而捣乱……面对这些情况，幼儿园老师一般也会比较妥善地处理。但到底应该怎样让孩子彻底正视和走出"被欺负"的境况，这实际上就与父母的教育方式有关了。

如果父母因此觉得孩子很窝囊，是个软弱的人，这个标签可能就真的会跟孩子一辈子；如果教孩子"打回去"，则可能会养成孩子以暴制暴的性格，或者反倒更增加了他的软弱心理；如果一遇到这样的情况就给孩子换幼儿园，或者干脆就不再去了，这显然是保护过度或逃避问题。可见，以怎样的态度去应对这件事会决定孩子到底能不能走出"被欺负"的阴影。

第一，不用成人的观点去看待孩子间的冲突。

孩子之间发生的冲突，与成年人彼此的冲突是有本质上的区别的，孩子们不会有什么根本利益上的矛盾，不管是争吵还是动手，他们只是在用自己的方式来试图表达而已。就算是闹在一起，对他们来说也不过是游戏，就是情绪上会有高兴与不高兴的区分。除此之外，他们没有什么更深刻的仇恨。

成人如果用"窝囊""吃亏"这样的观念来评价孩子，就会让他受到误导。而且，作为被欺负的人，孩子本来就很委屈了，再被训斥窝囊，被说没出息，就算孩子听不太懂，但父母不高兴的表情也会让他感到难过。

所以，对于孩子之间的冲突，我们完全可以更放松一些去看待，如果孩子受了欺负，就给他一个拥抱，接纳他的委屈，不要批评他，也不能顺着他说别的小朋友的坏话。最好是听一听孩子的讲述，了解一下这一欺负事件的始末缘由，认同他的感受。如果孩子一时说不清楚，也不要着急，给他一定的时间缓一缓就好。

第二，教孩子远离危险的本领。

"受欺负"的危险来自两方面，一方面是外在的，被打、被推搡、被侮辱等；另一方面则是内在的，感到难过、自卑、孤独等。所以，要教孩子远离危险，也要分别从这两方面来入手。

首先是外在危险，要教孩子学会躲避，能闪就闪，能跑就跑，若是躲不开也要知道护住头和身体其他重要部位。同时要教他大声、快速呼救，当有危险时，可以喊出来，诸如"你不能打人""老师快来"等话语都可以喊，而且一般会让对方停手。

当然，如果对方不停手，孩子一味挨打也不行，尤其是在"救援"未到的时候。所以也要教孩子学会适度防卫，比如大声告诉对方："你再打，我就要打你了！赶紧停住！"甚至可以做出"该出手时就出手"的气势，要让对方知道，眼前的这个孩子也会反抗。往往这时候，对方会被这突如其来的声势镇住，从而停止进一步的侵犯。

解决了外在的危险，接下来就是内在的了。这方面要从父母开始进行调整，因为父母的性格脾气会对孩子有很大影响，所以父母若是能积极调整，成为乐观宽容的人，那么孩子也就不会变得斤斤计较、消极悲观了。

第三，不要带着孩子去兴师问罪。

有的妈妈看见自己的孩子受了欺负，总会第一时间就领着孩子去找对方说理。看上去这是爱子心切，可实际上这种处理方式对孩子并不好，孩子会产生一种"反正有家里人撑腰"的错觉，让他无法学会自己去处理问题。

而且，有了父母的加入，孩子之间的矛盾可能就上升为成年人之间的矛盾，最后闹得两家人都不愉快。更令人哭笑不得的是，最终可能孩子之间的矛盾很快过去了，而成年人之间的矛盾却可能会长久存在，这等于无端给自己树了个敌人。

孩子之间的关系是单纯的，不要将他们彼此的打闹看得那么严重，除非真的有非常严重的事情发生，否则就放轻松一些吧！

第四，给孩子自己解决冲突的机会。

孩子之间爆发的问题，如果能由他们自己解决是最好的，有的妈妈认为孩子不具备处理问题的能力，其实他只是没有得到可以自己处理问题的机会。要知道，孩子们之间有了矛盾冲突并不能完全算是坏事，他们会通过在这样的矛盾中去了解、学习，逐渐摸清楚怎样与人交往才是正确的。

所以，在教孩子学会必要的自我保护方法之后，也要教他一些处理问题的小方法，比如先道歉，先明白表达自己的意思，明确告知对方自己不喜欢被欺负，用转移注意力的方法化解矛盾，等等。通过一次次的锻炼，孩子总能学会自己解决问题，而且经历过一次次的自我调节，他也会变得坚强起来，不再因为被欺负就哭哭啼啼，也不再因为闹矛盾而发脾气，他也会和周围的小伙伴们相处得越来越融洽。

和老师多多交流，及时掌握孩子的"动态"

孩子进入幼儿园后，我们几乎一天见不到孩子，等到了放学的时候，孩子看见我们时说的都是他觉得好玩的事情，有的孩子也会说自己受了什么委屈，而幼儿园的老师大部分时候也只会对我们说"孩子挺好的"，其他的问题如果不是很严重，可能就被放过去了。这样一来，我们就无法了解孩子在幼儿园到底都有怎样的表现。

有一位妈妈就有这样的疑惑，她每次去幼儿园接孩子回家时，都会问问老师自己孩子的表现，可老师总是那么几种回答，"挺好的""不错""吃得好，玩得也好"……

妈妈只得经常跟老师说："如果孩子调皮，您也多批评着点。"

虽然老师每次都点头答应，但很长时间下来，妈妈都没有听到老师说孩子哪里有问题，她也认为孩子真的表现很好。

后来，妈妈却发现孩子添了许多新毛病，可老师并没有告诉她。

看来，以后她需要和老师有更好的沟通才行。

在很多幼儿园，老师对孩子的父母总是习惯报喜不报忧。当然，老师也有自己的考虑。老师要照管很多孩子，他们把握的是所有孩子成长发展的大方向，不会单独照看一个人，而且孩子们的问题老师也见得多了，他们会期待孩子的自我矫正，所以，有经验的老师通常会用一种很宽容的态度来对待孩子们的问题。

试想一下，如果老师每次都对着我们抱怨孩子的各种大大小小的问题，我们是不是也会觉得心里不舒服呢？显然老师也是在顾及我们的心理。更何况，我们若是因此产生了"老师怎么总盯着我孩子的不好，是不是不喜欢我的孩子"这样的想法，势必也会对老师产生不好的感觉吧！

但显然，若只能听到老师对孩子不错的评价，等日后我们再发现孩子的问题，这就太被动了。与其这样，倒不如换成我们主动出击，经常和老师主动交流，主动探讨孩子的问题，经验丰富的老师也能给我们一些合理的建议，从而实现真正的"家园合作"。

第一，好好利用接孩子的这段时间。

孩子放学时，家长会到幼儿园把孩子接走，这就让我们有了和老师见面的机会，不过这段时间并不算长，我们应该好好把握，让这短暂的见面能使我们获得更多与孩子有关的信息。

可以将之前在家里遇到的问题跟老师简单提一提，但这个问题一定要具体、有针对性，并且真的是自己的困惑，问问老师在幼儿园孩子是不是也有类似的问题，如果有，请教老师是怎么应对的，父母还能在哪方面再进行努力。这样不仅能了解孩子在幼儿园的表现，还能获得老师的指导帮助。但要注意，不要占用老师太多时间，毕竟老师也很忙。

在交流过程中，要及时抓住一些有价值的细节，如有必要，再进一步跟老师探讨。有时候其他妈妈爸爸也会在场，大家可能都会提到问题，不妨也听一听，彼此交流可能也会给我们一些帮助。因为孩子的问题都有共性，所以不要只顾着自己向老师提问题。

第二，及时且随时地和老师进行沟通。

除了接孩子的时候可以和老师沟通，平时也不是不能打扰老师的。现在很多幼儿园老师都会建立微信群、QQ群等更便捷的交流平台，所以，发现了问题，想到了问题，都可以通过这些平台与老师及时进行交流。

不要等到孩子有了严重问题才去求教，否则我们心急如焚，想尽快解决问题，可能就会"乱投医"，最终误了大事。平时遇到小问题，去和老师请教，从他们那里获得尽早尽快的帮助，总要好过临时抱佛脚。

第三，客观且坦诚地看待自己的孩子。

在与老师交流时，要带着虚心求教的态度，对自己的孩子要敢于剖开来看，不能藏着掖着，也不能总是找话来圆自己孩子的错误，要给老师一种"这不是个护短的家长"的印象，这样老师才能更坦诚地对我们讲更多。

当然孩子的表现有好有坏，也不能总是在老师面前贬低自己的孩子，尤其是孩子在跟前的时候，老师会因为一些小事情而表扬孩子，虽然有些表扬显得有点夸大，或者只不过是一件非常微不足道的事情，但我们也要顺应这个表扬，鼓励孩子更加努力。

第四，控制好自己的情绪和态度。

和老师交流的目的，是为了获得老师的指导和建议，如果老师说了一些较为严厉的话，甚至提出批评，我们也不要因此闹情绪。

有时候我们会觉得自己有道理，对老师说的也会有不认同，或者觉得老师并没有专门从我们孩子身上去考虑，而对老师有所抱怨。这时也要将心比心，体谅老师的工作。

再次强调：一定要虚心。有些父母觉得自己也是受过高等教育的人，甚至是硕士、博士，自己也从其他各种渠道学习过育儿方法，所以对老师的教育可能会有其他想法，有的人可能还想要"考考老师"，这样的态度要收敛，这样的做法要避免。因为"隔行如隔山"，纵使是文学博士，对幼儿教育理念的理解，方法的应用，也是不能与幼儿师范学院的科班生相比的。再者，老师毕竟有专业的从业经验，对孩子的应对方法会更贴合孩子的实际。所以，对老师一定要有尊敬之心，毕竟我们和老师都是为了孩子好。这样，彼此的交流才会更顺畅、更有效。

孩子回家后，要和孩子做"优质"的交流

孩子从幼儿园回来后，我们都有这样一种心情，那就是迫切想要知道他在幼儿园都经历了哪些事，想要了解他过得高兴还是不高兴，我们巴不得孩子把他一天经历的事情都一件件地讲出来。

不过，孩子可能只会说一两句，只找他最感兴趣的一件事说一说就过去了，那剩下的也就只能是我们去主动询问了，靠一问一答来支持交流的继续。但是，我们问孩子答的这种交流，很多时候也进行不下去。

有位妈妈就说："我有时候都觉得儿子在幼儿园是不是什么都不干，每天问他'吃的什么饭'，他就说'没吃什么'；问他'学了什么'，他也说'没学什么'；问他'有好玩的事情吗'，他也说'没有'。可每天接他放学的时候，他也会偶尔说一两件很有意思的事，但他只是说一两句就算了，再问他别的，他也就这么简单一说，而且从来都不主动开口。难道，是我儿子不喜欢幼儿园？怎么才能让他乐意和我交流呢？"

相信有这样疑问的妈妈不在少数。向孩子提出了问题却得不到应有的回应，当然会让人觉得不舒服，而这可能也会引发我们的胡思乱想。

但事实上，孩子这样的表现并非故意，而我们与他的交流其实也是有问题的，正因为交流不够"优质"，所以孩子才不知道应该怎样回答。

以下我想从孩子和父母这两个角度来解释这个问题。

先从孩子的角度来解释。

孩子不愿意和我们交流幼儿园里的事情，也许出于他依然对幼儿园有紧张感，尤其是刚入园的孩子，这种紧张感更甚，好不容易回到家了，终于放松了下来，他才不要再想起幼儿园里的事。还有可能是因为孩子对幼儿园的生活依旧是陌生的，他没法融进大集体中，所以对老师要求做的事情也就不那么注意，自然也就记不住都做了什么。

而且这时候的孩子语言表达能力有限，可能没法组织起更好的语言，就会出现心里明白但嘴上说不出来的情况。而孩子的回忆能力也是有限的，无法像成年人这样清晰地将一天的事情都理顺，所以也没法好好回答。

再从父母的角度来解释。

这里重点要说的是，父母提出来的问题可能太抽象，吃了什么、学了什么、好玩的事……这些对孩子来说都是不好理解的问题，而且有的妈妈每天都问这些内容，时间长了孩子也会觉得很无聊，听不懂又无聊的问题，他怎么可能愿意回答呢？

只有建立起"优质"的交流，孩子才会"顺从"我们的意愿与我们有问有答，并说出让我们感到欣慰和愉快的答案来。具体怎么做呢？

第一，不要强迫孩子必须回答我们的问题。

看到孩子不说话或者说不出令人满意的答案，有的妈妈会很着急，就会强迫他说，如此一来，孩子会产生反感情绪，可能就不仅是讨厌回答与幼儿园有关的问题了，还可能会讨厌去幼儿园。

如果孩子实在不想说、不知道应该怎么说，也不用非得说这个话题，聊点别的，说点其他的，没准儿哪个话题突然引起了他的回忆，就绕回到幼儿园的事情上去了，然后再就此展开话题也是不错的。所以，顺其自然才是最好的，以免孩子产生心理负担。

第二，换一些具体且更有意思的问题。

孩子的理解能力有限，抽象的问题他听不懂，而且抽象的问题也多半不够有趣，他没兴趣，自然也就不愿意回答。把这些问题都换掉，问一些具体的事情，最好是给孩子一些"选择题""是非判断题"，让他有可选择、可思考的内容，回答起来也会更容易。

比如，同样是问吃饭的问题，"今天吃的米饭还是包子""今天午饭的西蓝花好吃吗"等问法，会让孩子有更直观的回忆想象。

再有就是不要过度追问孩子知识类的内容，"学了什么""认识了几个生字"这样的话题，会让孩子觉得很疲劳。如果改成"今天听老师说你帮她忙了，帮老师做了什么""刚学的儿歌好听吗？给妈妈唱唱吧""你和小伙伴们搭积木了吗？搭小房子了吗"等问题，既有意思，也更贴合孩子的幼儿园生活，孩子知道怎么回答，聊起来也会更开心。

第三，用彼此已知的内容作为交流的切入点。

很多妈妈喜欢问"吃了什么""学了什么"，以此来挑起话题，其实同样的话题完全可以换一种说法。比如，先了解一下幼儿园里的食谱和教学计划，提前知道孩子吃了什么、学了什么，都经历了哪些活动，然后在和孩子讨论的时候，就可以直接说出这些内容，这也能更方便地调出孩子的记忆。

同时也可以用孩子熟悉的老师、小伙伴作为话题，从简单的内容切入就好，穿了什么衣服，拿了什么玩具，吃了什么东西，只要是我们和孩子彼此都有了解的内容，都能更容易引起共鸣。

有了这些话题作为开始，那么接下来的交流可能就会相对容易一些，再引出孩子在幼儿园里的种种事情，他也会说得更轻松。

第四，多锻炼孩子的记忆力。

孩子有时候说不出来更多的内容，也与他的记忆力不强有关，记不住自然也就说不出了，所以，在培养孩子记忆力方面也要下些功夫。

平时可以多做一些有助于锻炼记忆力的游戏，比如找不同的游戏，前后或左右两幅图乍一看是一样的，但实际上又有几处不同，而要找到不同，就要记住画面的样子，多做几次这样的练习，孩子不仅记忆力能得到锻炼，就连专注力也能得到提升。

另外，也不要放过生活中的好机会，吃饭时都吃了什么菜、出门去玩遇见了谁……都可以引导孩子主动说一说。一开始可以先帮他描述一遍，再鼓励他自己说一遍，过一会儿后再问问他，帮助他加深记忆。

不要当着孩子的面对老师作负面评论

你会当着孩子的面评论他的老师吗？如果会，是正面评论多还是负面评论多？如果是后者，那就要特别小心了。因为这对孩子的学习与成长是极为不利的，甚至可能会影响他一生对老师的态度——消极的、负面的。

距今已 2000 多年的、中国和世界上最古老的教育学专著《学记》中有这样一段话："凡学之道，严师为难。师严然后道尊，道尊然后民知敬学。"意思就是，从开办教育的过程中总结出来的经验与规律表明，能让学生发自内心地敬重爱戴老师是很难的。只有老师受到了尊重，人们才会更为尊重文化知识，进而对教育有更为敬重的态度。

可见，我国尊师的传统由来已久，早在几千年之前的古人，就已经意识到了要尊师重道。时至今日，我们更应该将这一良好传统传承下去。

话是如此说，可很多人实际上并不能做到这一点。尤其是对于幼儿园里的老师，一些妈妈内心是有些轻看的，在她们看来，幼儿园的老师不过就是帮着自己看孩子的人，顶多顺道教孩子一点知识和技能。甚至有的妈妈直接让孩子称呼老师为"阿姨"，显然是非常不妥的。

而当妈妈有这样一些想法时，对老师也就不那么看重了，幼儿园的老师就成了妈妈眼中可以被随便议论，并且拿来吓唬孩子的"工具"。

当妈妈在孩子面前表现出对老师的不尊敬时，孩子对老师的判断也会从最初的崇拜变为轻视。因为这时候的孩子对周围人、周围环境和事物的判断，大都缘于妈妈的态度，妈妈喜欢的，他自然会喜欢，而妈妈轻视的，他也会轻视。

有一位幼儿园老师问孩子们，他们的妈妈都是如何评价老师的。结果孩子们的回答五花八门，有的孩子如实转述了妈妈对老师的负面评价。

一位妈妈在听到孩子回来转述这件事之后，心里紧张了许久，不停回忆自己有没有说过老师的坏话。而同时，她也不停地嘱咐孩子："以后老师不管怎么问，你都只记得说老师好就行了。"

老师通过孩子的口来了解一些事情可能并不算合理，但是从妈妈的角度来看，却不能不有所反思。孩子从妈妈那里所听到的、看到的、感受到的，都会原样返给老师，不管是说的话还是对待老师的态度，这不仅破坏了孩子对老师的尊重，也是在破坏我们与老师之间的合作关系。更重要的是，背后议论他人是有伤德行的事，我们也无疑是给孩子做了个坏榜样。

所以，当着孩子的面说老师的不好，这是绝对要避免的事情。

第一，不要用老师来吓唬孩子。

"你再不听话，幼儿园的老师就要把你关进小黑屋了。"

"你不好好吃饭，幼儿园的老师就不让你吃了。"

"老师只喜欢好好睡觉的小朋友，你不睡觉，老师就打你了。"

……

吓唬，是很多妈妈教育孩子时下意识的一种行为，而且还会将其当成一个"法宝"，动不动就拿出来用一用。但这无疑会让孩子对幼儿园老师产生畏惧感，而且大部分老师并不会做这样的事，这样的说法可是冤枉老师了。孩子听到这样的描述，怎么可能还会对幼儿园有好感？只能在心中留下阴影而已。

教育孩子，用老师吓唬他不是良策，还是要选择更合理的方式。不仅如此，为了能让孩子喜欢上幼儿园，还应该多给老师一些积极正面的评价。

第二，对老师的评价要积极正面。

老师的本意都是想要将孩子教育好的，这对她/他来说也是有成就感的，而且绝大多数的老师也的确是心存善意，对孩子能做到和蔼可亲、呵护备至的，在孩子面前积极正面评价老师，也会让孩子更愿意去接近老师。

这里所说的积极正面的评价，不能是夸大的，而应是真实的，比如可以对孩子说：

"老师会唱很多好听的儿歌！"

"老师会讲许多有趣的故事！"

"老师会带着大家做很多有意思的游戏！"

"老师喜欢所有的小朋友，也包括你在内！"

……

出自我们口中的评价，对孩子来说会有更重的分量，他会在日后的生活中发现我们所说的果然不假。更重要的是，孩子带着这种正向的评价去看待老师，对老师也就会充满喜爱，也会听从老师的话，而老师自然也会在孩子身上生出成就感，这无疑是孩子与老师之间的一种良性互动。

第三，不能听信孩子的一面之词。

孩子从幼儿园回家后就告诉妈妈："老师不让我玩玩具。"还没等妈妈反应过来，孩子就又说了一句："只让我喝水。"

后来妈妈给老师打了电话询问情况，这才知道，原来是老师在孩子玩玩具的中途提醒他去喝水，可能是打扰了他的兴致，让他觉得不高兴。

这位妈妈是理智的，没有听信孩子的一面之词，否则只凭孩子的两句话就可能会引发误解，没准儿还会认为"老师是在虐待孩子"。

孩子口中说出来的内容有可能都是他自己的感受，也都是对他自己有利的方面，所以当他向我们反映某些事的时候，不能只听他说了什么，也要及时和老师沟通，委婉地了解事情的经过。

在这之后，还要纠正孩子对老师的误解，比如对这个觉得老师打扰了自己兴致的孩子，就可以提醒他，"老师怕你只顾着玩想不起来喝水，这么细心的老师，我可要找机会好好感谢她"。这样一来，孩子内心不仅不会再对老师不满，还会更尊敬喜欢老师。

第四，背着孩子去解决我们与老师之间的问题。

现在的很多妈妈爸爸都受过高等教育，而且为了能教育好孩子，自己也会下一些功夫，比如，学一些教育理念、方法，了解更多的教育内容。但是我们所学、所知的内容，可能会跟老师的教育理念发生分歧，这时我们不能当着孩子的面去和老师理论，也不要直接在孩子面前说"你们老师什么都不懂，听妈妈的准没错"，否则都会导致孩子对老师产生误解。

如果有问题，也应该在孩子不在场、不知道的情况下去与老师进行心平气和的交流，一起就问题进行探讨，从而寻求更好的解决方法。

不仅如此，在孩子面前也不能说老师的不好，还是要肯定老师对孩子的照顾。如果实在觉得不能认同老师的理念，可以去和园长聊一聊；或者实在觉得这个幼儿园的教育不符合自己的标准和要求，那么重新选择一家更合适的幼儿园也是可以的。

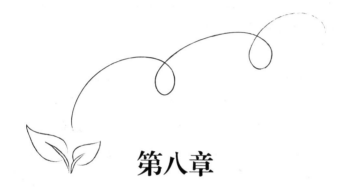

第八章
高质量的陪伴不只是付出时间

什么是陪伴？有人说："我每天什么都不做就那么陪着，大把时间都给孩子了，这还不算陪伴吗？"如果只是这样，那家里像手机、电视这些无生命的高科技产品恐怕更能胜任陪伴这项工作，可显然那并不叫陪伴。高质量的陪伴不只是我们付出时间，还要付出真心。

陪伴是心与心的交流

孩子是需要有亲人的陪伴才能健康成长的，相信很多妈妈都认同这一点，也都会认真去做。可是我们付出了时间，也一直待在孩子身边，但孩子有时候还是不满足，这就是因为我们的陪伴并没有走心，只是流于形式。

很多妈妈说是陪伴，却只不过是和孩子身处同一间屋子而已，孩子做孩子的事情，妈妈也做自己的事情，孩子若是过来想要让妈妈和自己一起玩，妈妈反倒觉得不耐烦。而稍微好一点的表现，不过是妈妈就坐在孩子身边，但也没有和孩子互动的意思，只是看着孩子自己玩。还有的妈妈虽然和孩子有互动，却总是站在指导者的位置上，对孩子正在做的事情指手画脚，总说孩子这里不对那里不好。

这样的陪伴方式怎么可能让孩子感受到愉悦？

我们也的确付出了大把的时间，却没有看到相应的回报，这其实是将时间浪费了，而且我们也浪费了精力。看着孩子，费劲思考他为什么总是那么黏缠，思考他怎么总是不满足，还要顾着他手底下有没有做错事，有这样的想法在，我们又怎么可能省心？

如此说来，费力不讨好，费时却没成效，孩子不高兴，我们自己也感到烦心劳累，所以是时候好好思考一下我们到底应该怎样做，才算得上是对孩子有质有量的陪伴了。

事实上，孩子想要的陪伴很简单，就是我们能与他有从心而外的交流，要能和他有心与心之间的互动。

这种交流不是指简单的一问一答，而是要和孩子有更深层次的互动，一起随意地聊一聊只是其中的一种方式，我们还可以和孩子一起做做游戏，和他做更多其他的事情。孩子渴望的是能与我们融洽地相处，能和我们一起进入同一个"世界"、同一个"频道"，从而做到心灵相通。

那么，我们怎样做才能实现心灵交流那样的陪伴呢？

首先，充分利用每一分每一秒的时间。

总有人说，孩子上幼儿园的年纪，也正是我们需要为事业打拼的时候，时间如果真的能被掰成两半就好了。这话听来透着无奈，而大多数人又总会选择工作而忽略孩子，陪伴当然也就无从说起了。

当然，为了养家我们必须工作，这是一个现实问题，是无法逃避的。可是就不能陪孩子了吗？当然不是。绝大多数人并不会将所有时间都投放到工作中，总会有吃饭、睡觉、休息的时间，哪怕这时间并不长，但只要能充分利用起来，也一样能陪伴孩子。

比如，从幼儿园接孩子放学回家，路上的时间就会成为我们最好的聊天时间，如果有可能的话，最好选择"费时"的回家方式或路径，从开车变成骑车，不远的话就步行，换一条稍微远一点的路，一路上和孩子聊一聊他这一天的快乐经历，也给他讲讲我们遇到的趣事，这样一来不仅我们了解了孩子，孩子也知晓了我们的动态，更能加深彼此的了解。

除了这个时间，吃饭前的休闲时间，吃完饭后的休息时间、散步时间，或者睡前时间，都是不能错过的与孩子相处的时段。只要有心，就能做到既不耽误工作，也不冷落孩子。有人会觉得累，其实听着孩子在一旁笑哈哈地说着，这难道不是最好的放松方式吗？

　　其次，找到合适的活动，并与孩子智慧地互动。

　　和孩子在一起能做什么？这恐怕是很多妈妈最关心的一个问题，正因为不知道做什么，不知道怎么做，所以有些家庭中的陪伴就变得索然无味，孩子也不那么满意。其实和孩子在一起可做的事情非常多，全家一起聊天、游戏、运动、读书、看电影……只要用心思考，我们就能找到合适的活动。

　　而在和孩子互动的过程中，我们也要有智慧，单纯地陪着孩子玩远远不够，就算是玩也要玩得有意义。要注意调动孩子的动手、动脑能力，调动他的主动性与积极性，最好能和孩子保持一致的精神状态，他兴奋的时候，我们也要跟他一起兴奋，要让孩子感受到我们是愿意和他一起的。

　　另外，我们一定也都希望孩子能学到更多的东西，但不要直接强硬地去灌输，而要有智慧地引导他自己进入学习状态。比如，选择合适的优秀电影，全家一起看，让孩子在看电影的过程中去体会道理、学习知识，还可以在看完后进行讨论，让孩子在快乐中学习。

　　最后，投入到孩子喜欢的事情中。

　　想要陪着孩子度过一段快乐时间，最简单有效的一个方法，就是陪着他去做他喜欢的事。比如很多孩子喜欢看动画片，也喜欢聊其中的角色和故事内容，那就不妨和他一起看，然后和他一起讨论。当妈妈能说出自己喜欢的角色，并发表孩子从没听过的见解时，他也会觉得惊喜。

而且，有了我们的加入，也能从侧面帮助孩子规避那些不良喜好，以及喜好发展过程中的某些不好的方向，这会让孩子既能继续享受快乐，又不会让自己的喜好"跑偏"，这样的陪伴对孩子来说可谓是"物超所值"了。

玩具再好，也比不过爸爸亲手做的小玩意

这是一个科技飞速发展的时代，人们拥有的物质种类越来越多，孩子拥有的玩具也越来越多。从那些玩具卖场、专卖店就可以看出来了，各式各样的玩具，从简单的到复杂的，从手工的到电动的，真是应有尽有，几乎算得上是没有想不到的，只有没见过的。

孩子原本就喜欢新奇的东西，各式各样的玩具扑入他的眼帘，一时间他也会觉得目不暇接，也会产生"如果能都玩一遍就好了"的心理。看到孩子闪闪发亮的眼睛，有的妈妈就立刻顺从孩子的"心意"，将尽可能多的玩具买来给孩子，一方面是为了满足孩子对玩具的需求，以表示自己对孩子的慷慨示爱；另一方面，有的妈妈可能也抱有这样一种心思，"孩子有了这些玩具，注意力就都会在玩具上，也就不会再缠着我了"。

而得到了玩具的孩子，可能会在短时间内觉得很新鲜，毕

竟是妈妈给买的，又是自己一眼看上的，所以玩起来也还算快乐。但这种快乐持续不了多久，因为玩具太多了，得来得又太容易，孩子并没有珍惜的心情，再加上是自己一个人玩，没人能分享他的快乐，很快他也就厌烦了。

更令人担忧的是，孩子会因此而产生物欲，想要的玩具，妈妈手一挥、钱一交就直接到了他的手里，那其他东西应该也是同一个道理了。而妈妈认为给孩子买玩具是对孩子表达爱的唯一方式，孩子也会"接"过妈妈的理解，误以为只有金钱或玩具才能表达爱。有了这样的误解，就会导致孩子将爱定位在肤浅的物质表达上，而等日后他长大了，和朋友交往也会用物质来表达情意，自己不开心了也会用消费来改变心情，结果是他可能会交不到知心朋友，而且也会形成错误的金钱观。

既然如此，有的妈妈会说，那少给孩子买一些玩具不就得了？其实这并不是多买少买的问题，买得再少，玩具也是从外面买来的，孩子依旧是毫不费力就得到了，他还是对玩具没有太多感情。

仔细回想一下，我们小时候，受经济条件和社会发展的限制，我们没有太多钱去买新玩具，但父母长辈却总会凭着巧手给我们做很多玩具。而与那些买来的玩具不同，对于长辈们亲手做的玩具，我们无不觉得新奇，也对它颇为爱护。

比如，爸爸做的铁环、糊的风筝，妈妈缝的沙包、绑的毽子、编的小花篮……这些小玩具都不昂贵，也都是用边角料做的，可是我们能亲眼看到它们诞生的过程，有时候还能加入制作的过程中打打下手。看着玩具从妈妈爸爸手中"新鲜出炉"的时刻是我们最开心的时候，而接下来我们对这个玩具也是爱不释手。

这些都是我们小时候的回忆，长辈们亲手做的那些玩具，绿色、省钱、有意思，最重要的是融入了长辈们对我们的爱。既然如此，我们何不也将这个传统继承下来？不要总是四处买，安静下来找找各种边角料，给孩子亲手做那么一两件玩具吧！

有人觉得做玩具有些难，其实也不难，有一位妈妈是这样做的：

妈妈有一次带着孩子出去玩，看孩子对修剪树枝的工作感兴趣，一时兴起带回来几段被丢弃的树枝，爸爸对树枝截断、打磨之后，一块块样式各异的小积木就出现了，孩子在一旁见证了积木的诞生过程，他感到无比惊奇和惊喜。

从那之后，全家人都加入到了为孩子做玩具的行列之中，爸爸负责体力活儿，姥姥负责手工活儿，姥爷有时候也会变身为手艺人，妈妈则负责精细活儿。

家里的很多玩具，从积木到小玩偶，从垫子到帐篷，甚至装玩具的柜子，都是全家动手做的。看到这些玩具，满满都是回忆。

这位妈妈觉得，在做玩具的过程中，孩子也体会到了劳动的辛苦，也会意识到玩具并不是那么轻松就能得来的，是需要付出辛苦劳动才能做好的，这就让孩子有了珍惜之情。而这些都是在孩子的亲眼见证下做的，所以明显比说教更有教育效果。

这就是自己动手做玩具的效果，而且做这些玩具也并不难，不需要太复杂的技术，只要用心，总能做出来。

材料的选择不需要太复杂，落叶、树枝，吃完的糖纸、冰糕棍，家里用不到的碎布头，淘汰下来的桌布，各式各样的瓶子，各种颜色的瓶盖……这些东西在我们周围几乎随处可见，想要做的时候搜集一下就好了。但要保证这些东西干净、安全，不管是从哪里搜集来的，都一定要清洗干净。一些物件需要先处理好，比如去掉毛刺、去掉细小的颗粒物、切割得大小合适等，以免误伤孩子。

至于说要做的东西，如果实在不知道应该怎样动手，市面上有做手工的书籍，网上也能搜得到相关教学视频，看一看，学一学，或者干脆自己动动脑筋，总能琢磨出来。

有妈妈可能担心，做得不好怎么办？做不成功怎么办？先不要考虑这些不成功的结果，多想想应该怎么做才是重要的。

最重要的一点是，我们要有心。给孩子做玩具，是要用心去做的，这不是完成任务，而是在为孩子的童年增加更多的回忆，也可以有效提升我们对孩子的陪伴质量，所以孩子会更喜欢那个过程。而且，花费了心思，又有了足够的准备，怎么可能做不成功呢？

当然，如果能让孩子也参与到制作过程中，是最好不过的了，让他帮着我们准备东西，做一些不具有危险性的事情，孩子都会乐此不疲，也会做得格外认真。在这个过程中，不要嫌弃孩子笨手笨脚，做玩具的目的就是获得快乐，所以可以给孩子一些指点，不过不要过度干涉，允许他犯一些错，但不管怎样都要提醒他注意安全，剩下的任由他发挥就好。

对于做出来的玩具，我们就可以"理直气壮"地提醒孩子要注意好好保存了，尤其是孩子参与制作的玩具，相信他会更懂得珍惜的含义。

无缘无故大发脾气，其实是爱的"缺失症"

下面这些情形，你熟悉吗？你的孩子出现过吗？

突然孩子就哭起来了，一副不依不饶的样子，妈妈在一旁也摸不透、想不明白孩子到底是怎么了。

突然孩子就变了脸，使劲扔了手里的东西，两手乱甩，两脚乱踢，妈妈一问，他立刻就能哭出来。

突然孩子就开始尖叫，让人搞不清楚他的意图，自己吵闹一番，却还是会死死缠着妈妈，就算妈妈抱一抱，却也无法平复他的情绪。

……

在我们的生活中，会有很多个类似的"突然"，孩子的脾气一旦上来，总会让人有措手不及的感觉。但很多妈妈却认为那是很常见的"六月天，娃娃脸"，不过就是孩子在无理取闹罢了，"孩子能有什么事，就是找碴儿闹一闹而已"，正因为这种漫不经心与错误理解，才导致我们忽略了孩子无缘无故发脾气的真正原因——孩子内心对爱的缺失感。

爱是孩子成长必不可少的养分，我们也都知道这个道理，可是很多妈妈的爱都体现在很实际的方面，比如花钱购买各种东西，比如在自己心情愉悦的情况下会拥抱亲吻孩子，还比如在外人面前一定会做一个"爱孩子的好妈妈"。而在不经意之间，我们就会忽略这些爱的表达，以至于让孩子觉得自己被忽略了。被忽略之后，孩子会觉得"饥渴"，可是我们却还没有意识到这个问题，孩子没有其他的办法，他也就只能用发脾气来吸引我们的注意力，并借此来换取他想要的爱了。

这样看来，孩子是不是有些可怜了呢？

给他吃好的、给他喝好的、给他穿好的、给他玩好的，这些都是最基本的爱的表达，而孩子也是一个独立的人，随着成长，他的需求会越来越多，那些基本的物质已经满足不了他对爱的渴求了。如果说孩子在婴幼儿时期需要我们无微不至的关怀，那么随着他的成长，这种关怀应该也是呈递增趋势的，我们不能因为"孩子都长大了，也懂事了"，就拒绝他对爱的渴望。这也就是在提醒我们，应该好好审视一下自己了。

首先，要有"孩子到底怎么了"这种意识。

孩子发脾气并哭闹不止，一定是有原因的，而且每一次的原因都并不相同。不过有的妈妈却会很笼统地将孩子的每一次发脾气都看成"没事找事"，然后会用同样的应对方式去应对，"别闹了，再闹就……"，这样的句式在我们的生活中被使用的频率高得惊人。

孩子都是单纯的，高兴就是高兴，生气就是生气，高兴有原因，生气更有原因，哪怕是很小的一件事，也会引发他的情绪波动。因此当孩子闹起脾气来时，我们也要多想想，"孩子到底怎么了"，从最基本的需求到内心情感的需求，只要能想到的方方面面，都不要放过。

当然这种时候是要"一心二用"的，一方面思考原因，一方面也要腾出工夫来好好安慰孩子。对闹脾气的孩子也用暴脾气来应对是欠妥当的。我们越平静，才能越快地找出孩子闹脾气的真正原因，所以此时不要着急，我们的冷静也能传递给孩子，让他逐渐平静下来。

其次，要能"听得"孩子的哭泣。

闹脾气的孩子普遍都会选择哭闹的方式来发泄，而很多妈妈恰恰就听不得孩子的哭，一旦孩子哭声一起，她的第一反应都会是"赶紧哄下来，让他不要再哭了"，于是接下来就一连串的"不哭了""没事了""再哭就不喜欢你了"。

原本因为爱的缺失，孩子就已经感到很不舒服了，这会儿连哭泣这种发泄方式都被阻止，孩子岂不是会哭得更厉害？他一定会觉得，自己的情绪被忽略了，自己的感受不重要，如此长久下去，孩子可能会变得麻木。

孩子的哭就是情绪的发泄，他哭的这段时间，是需要有人认同他的情绪的，此时给他安慰就好，抱着他，轻轻拍拍他的后背，简单地安抚几句，妈妈的这种包容与平静，会让孩子平静得更快。

再次，给孩子一个释放情绪的出口。

孩子闹起脾气来就会做一些令人生气的事情，扔东西、摔东西，大声叫嚷，甚至推人、打人。虽然看上去不算好，但其实这些都是孩子在释放情绪，只不过他并没有掌握好方法罢了，而我们明显也并不喜欢他的这些做法。既然不喜欢，就帮着他改正，带他找到更合适的情绪释放方式就好。

可以给孩子准备一个"发泄角落"，放一些软抱枕之类的东西在那里，当孩子闹脾气的时候，就带他去那里捶打一番。如果有时间，我们就和他一起去捶打，这也是在帮他发泄情绪。要不了多久，他就会因为自己的情绪被认同而不再无理取闹。

也可以借助画笔纸张，让他把自己内心的不愉快画出来，或者就让他直接说出来。而我们要认真看、认真听，以找到让他发脾气的真正源头。

最后，针对孩子的需求去有的放矢。

理解孩子的感觉，帮他发泄不良情绪，这些都不过是为了更好地了解他闹脾气的原因，从而帮我们更好地去解决问题，让他不再因此而发脾气。

缺爱的孩子对爱的渴求是毋庸置疑的，而我们要满足他想要的爱也不能盲目，不能说孩子觉得我们不够理会他，就丢下一切对他百依百顺，否则也会适得其反。我们应该从自己的表现入手，孩子需要的是最简单直接的表达，比如和他一起玩，听他说他的趣事，欣赏他的成就，肯定他的表现……而这些其实都不用我们特别付出什么，只需要我们拿出真心来，哪怕时间短暂。

而且，随着孩子长大，我们也应该慢慢地将家庭生活的情况讲给他听，告诉他为什么妈妈爸爸会这么勤劳工作，让孩子逐渐理解父母的辛苦，再加上我们的及时弥补，也能渐渐让他不再无缘无故地发脾气。

亲爱的妈妈爸爸，请放下手机好吗

陪孩子的时候，你是否还"见缝插针"地看手机？或者干脆就一直翻着手机有一搭没一搭地"陪"在孩子的身边？

有一位妈妈在陪伴孩子时，就拿出了手机……

因为忽然想到某些事情，所以我翻出了手机，迅速打开网页搜索，开始寻找想要的答案。而就在这时，孩子回过头来说："妈妈，请放下手机好吗？手机不是你的孩子！"那语气相当严厉，我一开始没有听清，她又重复了一遍，等我抬起头，就见她一脸严肃，那表情充满责备的意味。

这时我才意识到，孩子正想要让我看她在做的事情，而我却中途转移了注意力。其实我以为她正低头专心，会注意不到我的行为，可她终究是敏感的，她能感受得到我对她的关注，而我对她的忽略，也许让她感觉就像是刮过去了一阵凉风。

我赶紧收起了手机，立刻投入她正在做的事情中，尽管她并没有持续很久正在做的事，并很快转移了注意力，又转而去"骚扰"看新闻的姥爷了。

但是这却让我又不禁回忆了许久，因为以前她也曾经这样对我说过，让我不要看手机，显然我因为手机而忽略了她很多次，她也发现了手机对我的与众不同。孩子也有了危机意识，她是不是怕我给她的爱，都被手机抢走了呢？这确实值得思考！

这是一位妈妈的真实经历，而这样的情景在绝大多数家庭中应该也屡见不鲜。不过更多的妈妈遇到这种情况时，想的应该和这位妈妈不一样，很多妈妈可能认为："孩子怎么这么麻烦，你玩自己的就好了，我看看手机又不影响你，再说我也是有事才看的，就算是和朋友聊天联系，也是有事啊！"更有的妈妈认为："不是让孩子要专心玩吗？他玩他的，我干我的，各不相干，我也陪着他了，还想怎样啊？"

有的妈妈似乎还有这样一种想法，对手机的迷恋其实也就是这么几年，年轻的时候谁不愿意多玩一会儿啊！等以后孩子慢慢长大了，要操心的事情多了，自然也就不会有时间去玩了，而且以后自己对手机应该也就不会这么着迷了。现在孩子还小，懂得不多，而这时候也正是自己爱玩的时候，所以也应该算是情有可原了吧！

不得不说，科技的飞速发展给我们的生活带来了便利，手机原本只有打电话、发短信这样的基本通讯功能，但今天却成了几乎无所不能的"智能工具"。而在孩子还小的当下，我们认为他还什么都不懂，"陪"在他身边玩手机也就在所难免了。因为我们可能也正处于有"资本"、有精力的"爱玩儿"的年纪。

实际上这个时候，确实需要我们做出一个选择，是享受手机带来的种种乐趣，还是用心陪孩子一起成长？

要做出选择，我们应该先算这样一笔账：手机是科技产品，只要我们有需求，它可以一直陪我们到80岁，哪怕中间我们换过一部又一部手机，但它却一直都在；可孩子不一样，他有自己的思想意识，有自己的感情，对于亲疏关系他也有感觉，如果我们一再将注意力过多地放在一个没有感情的科技产品上，孩子的情感得不到回应，他想要的爱得不到满足，他会觉得失落，当然会对我们提出抗议。

如此来看，这个选择题的答案也就不言而喻了。孩子的成长不等人，不要等到日后，当我们终于把视线从手机的屏幕上挪开，却发现孩子的心灵早已经走远，想追可能也追不上了。所以，在孩子面前还是先放下手机吧！

第一，保证给孩子的时间是纯粹陪孩子的。

陪着孩子的时候，我们就要收起手机，专心致志地与孩子一起做他想做的事，在他需要的时候给予最及时的回应，对他的表现给出最真诚的反应。

这时候我们自己的内心也应该是放空的，不能总想着还有邮件没有查看、回复，还有朋友圈、微博没有刷新与点赞……这些应该在陪孩子之前做出妥善的处理，紧急的事先处理完毕，不紧急的事就等陪孩子时间结束后再去做。至于其他的休闲娱乐功能，更是暂时不要想了，孩子在跟前，还有什么比他更能带给我们惊喜的呢？

第二，选择孩子看不见的时间使用手机。

就如前面提到的，一些年轻父母对手机的迷恋真的也不过就是这几年，孩子还小，父母也正当年，正是爱玩、爱热闹、能更快接纳新生事物、想要享受更多高科技的时候，除了玩，有时候还能通过手机办公、听课读书学知识，所以玩一玩手机也没什么问题。只是一定要选择合适的时间，不要在孩子面前玩手机，在孩子看不见的时间，用手机娱乐一下也是可以的。

不过，手机并不是我们生活中必不可缺的工具，适当时候还是放下手机，多关注一下真实的生活，离那个虚拟的科技世界远一点。哪怕是孩子看不见的地方，我们也可以翻翻书、学一些以前没时间学的新东西，我们的进步会带动孩子的进步。

第三，不要"聘用"手机做"保姆"。

有的妈妈也会有一些另类的想法，既然自己在看手机，为了公平，也给孩子一部手机，让他随便玩好了，这样他也有事干，自己也能安心玩一会儿。

这并不是一个等价交换，陪伴孩子是我们义不容辞的责任，怎么能将他丢给手机这个冷冰冰的机器呢？孩子长时间接触手机，不仅影响他的身体、视力发育，也会让他与我们之间的关系变得越发疏远。而且，理应是我们为了孩子而让步，我们可不能为了顾及自己的感受，就不顾孩子的身心健康。

一定不要用手机去哄孩子，哪怕是有我们陪伴也不行，陪着孩子有很多事情可做，还是用更适合的事情去度过陪伴的时光吧。不要让孩子陷入这种单向输入性的刺激，要多与他互动，引发他对各种活动的热情，保护他天真可爱的天性。

第四，给孩子讲讲手机的某些重要用途。

手机的存在是有弊也有利的，在一些必要时刻，它还是能发挥重要作用的，所以我们也要适当给孩子讲讲手机的一些重要用途，让他知道我们有时候用手机并不是在玩，也并不是不理会他，而是真有事情要处理。

所以，在适当时候给孩子展示一下手机的这些重要功能，包括怎么打电话、发短信，怎么利用微信、QQ等工具进行各种沟通等。待孩子再大一些，可以告诉他手机里的各种App都是做什么用的，对我们的生活和工作又有怎样的帮助。

当然，可能有的孩子已经在利用手机App学知识和技能了，这也很好，可以让故事、诗词、英语等音频类App来"磨"孩子的耳朵。不过，还是尽量少让孩子盯着手机屏幕去看视频或游戏，以免影响孩子的视力。

给孩子讲这些、看这些的目的，是为了弱化手机在孩子心中的娱乐功能。随着科技的发展，市面上渐渐流行儿童手机、儿童电话手表，我们也可以酌情选用，但不要盲目跟风，不要出什么新品就赶紧买什么。有时候功能越多，对孩子的学习负面影响就越大。所以，买不买、买什么样的，确实值得好好考虑。

陪孩子一起看电视，这难道也叫陪伴吗

如果说手机不是陪伴孩子的良友，那同样，其他电子产品也是如此。在这些电子产品中有一样东西会让一些妈妈内心摇摆不定，这就是电视。

一些妈妈对电视有相当好的感觉，认为"电视有丰富的内容，绚丽的色彩、美妙的音乐，是好看的、热闹的，一定可以

吸引孩子的注意力，这样孩子就能安静地看着电视，也就不会闹了"。电视的确可以给孩子带来一些乐趣，动画片、幼儿节目等，都是很吸引孩子注意力的内容。不过，电视节目看得多了，就不一定对孩子有好处了。

早在20世纪90年代，美国的雷久南博士就曾写过一篇题为《电视带大的孩子》的文章，其中指出，孟子如果出生在20世纪末的中国，他可能在电视机前长大，孟母可能因为没有立刻觉察到电视的长远负面影响，也不会阻挡。小孟子的大脑会因为失去正常童年的游戏、玩耍、运动、听故事、牙牙学语和好奇心驱使的学习而发育不全；成年后也不会有深度的观察和思考能力，没有高尚道德责任感，也不会对中国文化有特殊的贡献。如果电视早500年在欧洲出现，现今我们可能听不到莫扎特、贝多芬和其他近代音乐家的杰作，也见不到达·芬奇的画和发明；如果电视早在中国出现，李白、杜甫也不会写诗，很多艺术精华都不会见到。

这段文字，我们是不是很认同？是不是给我们很多反思？

有的妈妈也认为，给孩子看电视实在是没办法，有时候自己正忙着，为了让孩子安静下来，并且能做到不打扰自己，只能让他看电视；有时候孩子什么也不想玩，在家里也找不到什么新鲜东西，就只能让他看电视；还有的时候，孩子一哭，只要打开电视，不管是广告还是动画片，都能让他安静下来，这么好用的方法，也就一直用了……更何况，看电视也能让孩子从中学到知识，有好多知识自己都不会，但是电视上却能讲清楚。所以在很多时候，就算妈妈不忙，也不会给孩子安排其他活动，而是陪着他一起看电视。

在医学上有一种名为"电视孤独症"的疾病，多发于 3 岁以上的儿童，并且男孩多于女孩。该疾病的发生是因为父母对孩子缺乏关心，把照顾孩子的责任推给电视，孩子长时间与电视做伴，就会只关注自己，对家人及周围的人、事、物一点儿也不关心，还会导致语言能力发育迟缓，显得刻板、单调和重复，有时还自言自语，一旦不能看电视就会变得无比焦虑。如果患上这一病症，孩子即便将来受到最好的教育，他对社会的适应能力，以及其正常生活能力也不会有太大的长进，甚至可以说他未来的人生就只能与电视做伴了。

面对如此严重的后果，难道你就不感到焦虑吗？当然有妈妈会说了，我也会陪着孩子一起看电视。虽然"陪"着看电视也是陪在孩子身边，但不得不说，这种陪伴根本就是无质量的陪伴，尤其是那些一"陪"就陪好几个小时，和孩子一起专心致志地看电视的行为，这只能说是妈妈在偷懒，再严重一些就是，妈妈对孩子根本就不负责任。

所以，不要做一个日后才知道后悔的妈妈，不要等孩子到了再也无法拯救的时候才想起来下大力气去弥补，在他正需要温暖陪伴的时候，给他最真诚的陪伴吧！

什么才是真诚的陪伴？就是陪着孩子做各种他想做的事，做各种可以给他带来快乐的事，做各种能让他学到知识、提升能力的事，哪怕什么都不做只是陪着他聊天，也能让他感受到亲子间的快乐与亲密。

其实孩子有很多想做的事情，在他可以清晰表达自我要求的时候，不妨问问他想要做什么，只要不是那些不现实、不可行的，在我们能力可及的范围内，都可以满足他的要求。这种顺应孩子需求的做法，会让孩子更愿意与我们亲近。

除了顺应孩子的需求，也可以根据孩子的成长，为他安排不同的、足够丰富的日常活动。在家中可以一起阅读，一起制作小玩具，一起玩玩具，一起做游戏；在户外可以一起运动，一起认识大自然，一起了解更多有趣的现象，一起认识更多的朋友。如果有合适的活动和机会，可以让孩子和他的伙伴们一起参与到活动中，有更多的人参与，孩子更会热情高涨，更有精神，感觉也会与只有我们的时候不一样。

如此说来，是不是孩子一点电视都不能看了呢？并非如此。

我们要追求的是更有质量的陪伴，什么也不说，只是陪着孩子看电视，这样的做法是不可取的。但电视也不是一点用处都没有，只要看得得当，只要陪得得当，电视也能给孩子带来意想不到的收获。

首先就是要限制看电视的时间，孩子耗费在电视上的时间不能太长，最多不超过一个小时，也就是一个节目或者一两集动画片的时间。到了时间，要么关掉电视，要么把孩子带离电视旁边，和他做其他的事情以尽快转移他的注意力。

这对父母也是一种考验，有的妈妈自己就很喜欢看电视，尤其是各种电视剧，一旦开始看起来就废寝忘食。这时要克制自己的行为，电视剧什么时候都可以看，但孩子的成长却是一去不复返，等不得的。

有了时间限定，接下来就要好好审核一下内容了，和孩子一起看他能看的内容，而不是让他随着我们看各种不适合孩子看的内容。选择有教育意义的、可以长知识的，符合孩子需求的动画片、教育节目，这样的陪看才是有意义的。而且，看完之后要和孩子有一个讨论，不一定多么正式，随口聊一聊，让他能更好地理解节目所想要传达的深刻意义。

而看电视很重要的一点是，要有我们的陪伴，陪着孩子一起看，既可以监督时间和内容，也能让孩子感受到他不是孤单的。

事实上，我们应该换一种态度来看待看电视这件事，那就是不能将看电视当成稳住孩子的唯一方法，而是要让看电视变成孩子日常生活各种活动内容中的一小部分，这个小部分的重要性和我们与孩子一起读书、游戏、郊游、运动等差不多，甚至可以更弱一些。不特别强调看电视的必要性，孩子也就不会只将注意力集中在电视上了，更何况有那么多好玩的活动在吸引着他，相信他的生活一定会变得丰富多彩起来。

孩子最能看出我们的"三心二意"

和孩子说话，我们原本是应该打起十二分精神的，因为孩子对我们全心信任，希望从我们这里得到更多想要知道的内容。孩子在与我们说话时，一定都是一心一意的，所以仅从回报的角度来说，我们也理应还他一个一心一意，与他专心致志地对话。否则，我们的三心二意，孩子都会敏感地察觉到。

一位妈妈刚刚挂掉朋友的电话，孩子和她说话的时候，她脑子里还在想着朋友刚才在电话里说的话，也想着应该怎么回复朋友。虽然妈妈也在回应孩子，可回应的却是："你刚才说了什么？再跟妈妈说一遍。"

哪知道，孩子的回应却是小嘴一噘，扭头就走了。妈妈有些没反应过来，再想要问孩子，孩子早就去做别的事情了。

当遭遇同样的场景时，有的妈妈会很生气，可能接下来就会说："妈妈刚才在想事情，没听见，再问你一遍怎么了？你还发脾气。"但孩子是没错的，他看出了妈妈的三心二意，所以他很不高兴，他会认为只有刚才那个电话才是重要的，他自己则变成了不重要的人，这样的感觉会让他很伤心。所以从根本上来说，这件事还是错在妈妈。

出现这样的情况，也是一个信号，这就是在提醒我们，对待孩子不要带着敷衍的心情，否则三心二意的我们不仅听不到孩子的真实想法，也会让孩子对我们感到失望。

首先，不在忙碌的时候陪伴孩子。

有的妈妈一开始就带着"三心二意"的心思来陪伴孩子，一边自己做着手头的工作，一边还要看着孩子，而且还要诉苦说"我真是不得闲"。这种情况难道不是我们自己造成的吗？如果要忙碌，就先集中精力做完自己手头上的事，然后再去陪伴孩子；如果要陪伴孩子，那就暂时先放下手里其他的事情，专心与孩子在一起，听他说话，陪他做事。

这就要求我们能合理分配自己的时间，不要想着在这上面进行"统筹安排",同一时间做很多事情是不可能的。对待孩子,必须一心一意,才能走进他的内心,并感受他的快乐。

其次,暂时放下头脑中的各种"天人交战"。

陪伴孩子从根本上来说是一件快乐的事,但是这种快乐却是需要我们自己去体会的,因为单从外在的表现来看,可能并没有什么快乐可言。比如,孩子会重复做一件事,如果我们只注意到了他的重复性,那一定会觉得没意思,可如果仔细观察,就能从他的表情变化中发现乐趣。

可有的父母却只注意到了表象,还拿重复做事这件事来说。在孩子重复的时候,有的父母大脑里就开始"走"其他事情了,各种纷繁复杂的事情充斥着父母的大脑,以至于连孩子的呼唤都听不见。等终于被孩子唤回了神,却早已经错过了孩子一瞬而过的精彩表现。

孩子原本在说:"妈妈爸爸,看啊!"可是父母却只顾着自己大脑里的想法,这无疑是让孩子扫兴的表现。

所以跟孩子在一起的时候,我们要有一个相对"空旷"的大脑,什么也不要多想,因为此时的时间是属于孩子的,我们的想法也要跟着孩子走,要将所有注意力都放在孩子身上,这才不会错过他的每一个小细节,并能和他一起发现享受那转瞬即逝的美妙瞬间。

最后,不要给自己的走神找借口。

这是一对母子的对话:

"妈妈,妈妈,我说了那么多你都不理我!"

"妈妈在想重要的事！"

"妈妈答应我跟我一起玩的，有什么事啊？"

"大人的事小孩子懂什么？你自己好好玩，妈妈看着你呢！"

"可是……"

"你玩不玩了？不玩妈妈走了！你个小孩儿还管妈妈想什么？！"

占用了陪伴孩子的时间，妈妈却还理直气壮，为自己找借口，在孩子看来这是很不讲理的行为。而孩子也将在日后学会这种为自己找借口的行为，凡事都向着有利于自己的方面说，甚至还会无理取闹。

所以，在这件事上，妈妈应该向孩子道歉，而且是当下就道歉，不要找任何借口，更何况对小孩子来说，他应该学会对错分明，而且妈妈的解释无非只是在向他展示自己的特权，这反倒更会引发他的不满。

直接说"对不起哟，妈妈刚刚走神了，这是不好的现象，妈妈向你道歉"就好，也可以加上一些小补偿，比如"妈妈给你做个小玩具""妈妈答应再陪你多玩一会儿"等，当然如果有"下次妈妈一定不会走神"这样的保证会更好，而且一定要说到做到。

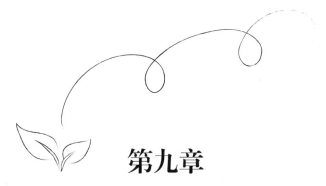

第九章
和孩子享受一起成长的幸福

孩子长大就是一瞬间的事，不在意、不认真的话，我们就会错过许多重要的美好时光，也会错过许多共享的幸福。实际上，陪伴孩子成长是我们义不容辞的责任，我们应该靠自己的努力来带领孩子走得更远，感受他的每一个令人惊喜的变化。他幸福了，我们岂不是也能更幸福？

夫妻关系和谐，孩子自然性格好

我一直说，夫妻关系好坏决定家庭教育成败。家庭关系搞好了，孩子的教育就好做了。而好的家庭关系，基础在于夫妻关系的和谐，也就是说，好的家庭关系才是孩子幸福的基础，也是他成人成才的基础。

好的亲子关系胜过好的教育，而好的家庭氛围（夫妻和睦、孝养老人）又胜过好的亲子关系。在中国传统文化中，夫妻关系是第一位的，是五伦关系（父子有亲、长幼有序、夫妇有别、君臣即上下级有义、朋友有信）的核心，所以家庭中最重要的一定是夫妻关系，而不是亲子关系。夫妻关系经营好了，其他什么都有了。

的确，夫妻关系是能保证一个家庭持续稳定发展的最基本关系，只有良好的夫妻关系，才能孕育出良好的亲子关系，而好的亲子关系，才会培养出有好性格的孩子。从这样一个递进关系来看，夫妻关系对孩子性格的影响起到了决定性的作用。

这是因为，孩子都喜欢相亲相爱的氛围，妈妈爸爸的关系越好，家庭中就越能弥漫爱的气氛，孩子也就越能感受到爱，生活自然也会变得更轻松。而在妈妈爸爸营造的爱的氛围中，孩子也将学会包容、体谅，学会向周围人表达善意，而且这样的孩子，性格也会更柔和，与周围人也能更和睦相处。

明代学者吕坤在《闺范》中提到了夫妇之道，说："易之

家人曰：'夫夫，妇妇，而家道正。夫义妇顺，家之福也。'"可见夫妻和睦，各司其职，各负其责，各正本位，且互相配合，这才是能福家的表现。

所以，夫妻之间一定要和，家庭一定要和，因为"家和万事兴"，这个"万事"当然也包括孩子的成长教育在内。

一旦夫妻关系出现了问题，哪怕是很小的问题，孩子也能感受得出来，他会发觉妈妈爸爸之间的不愉快，即便是几句拌嘴，孩子也会立刻安静下来，他会开始观察，并且能感受到当时氛围中的紧张与压抑。这时候的孩子会寻求保护，他可能会要求妈妈抱抱，也会利用叫嚷来表达自己的不满。但是在以后一旦遇到了自己不满意的问题，孩子也可能就会学着妈妈爸爸的样子开始恶语相向，而且他的性格也会发生让人意想不到的变化。

曾经有论坛讨论过"小时候父母吵架"的话题，在话题后的回帖，每一个都能引起深思，父母关系的好坏对孩子的影响竟然如此深远。

有人说，自己小时候总是看着父母吵架、打架，每次他们一闹起来，自己就出门找个地方坐上几个小时。

有人说，自己小时候一遇到父母吵架就心烦意乱，可是每次他们吵架又都会把自己捎上，最后从他们的吵架，变成全家都在指责自己，他觉得自己性格居然没有扭曲，真是个奇迹。

有人说，父母一吵架就歇斯底里，闹分居、闹离婚，可一直没离。妈妈也总是说，要不是为了你早就离了。可其实他很想说，你们赶紧离了算了。

也有人说，小时候父母吵架会让自己害怕，但后来就习惯了，他们再怎么吵，自己也无动于衷，这种习惯已经变成了冷漠。

还有人说，就因为小时候爸爸妈妈吵架，让他觉得结婚就是个错误，而且爸爸妈妈彼此总是恶语相向，他也觉得很难过，这直接导致他对周围的人都不信任，也就一直单身。

更有人说，父母吵架给了自己太多负面的东西，性格中有太多连自己都讨厌的缺陷，他不愿意与人深入交往，没法和人和睦相处，总是挑别人的错，但也从来不知道应该如何正确表达自己的情绪。

这些回帖都是长大了的"孩子们"说出来的，不难看出，童年时父母之间糟糕的夫妻关系，给这些大孩子们留下了难以磨灭的伤痛，而这些伤痛恐怕也会伴随他们一生。

所以，养育孩子不只是在孩子身上多下功夫，也要在维护夫妻关系上下足功夫。夫妻和睦相处，才能营造出适合孩子身心健康成长的教育环境。

首先，不要把问题积攒到一次性爆发。

生活中的鸡毛蒜皮很常见，炒勺碰锅沿的事也在所难免，可是如果仔细看一看那些爆发"战争"的家庭，无不是那些小问题的积攒性爆发，一旦爆发，双方就开始互相指责，彼此拆台。而这种一次性的爆发也是最伤人的，有些问题对方可能已经忘记了，但是却被一件一件提起来，很让人下不来台。同时，这也体现出了夫妻间的斤斤计较，这种过于苛求他人的性格，自然会让孩子学去几分。

好的解决办法，是当下问题当下解决，不要翻旧账，尤其是妈妈。女性心细，受到的教育也会与男性有所不同，绝大多数妈妈都会在爸爸身上发现诸多问题，但最好是当时就提出来。而爸爸也不要觉得不好，妈妈说得对，那就赶紧改正；妈妈说得不对，可以好好交流一下，毕竟谁不想要一个省心、快乐的家庭呢？所以，越早解决这些小问题，彼此也就不会积攒太多的怨气，问题也就更容易说得开。

其次，避开孩子说问题。

不管怎样，是夫妻间出了问题，与孩子无关，所以不要让他"旁听"，更不要最后也将孩子拉进战场。如果要开始讨论问题，最好和孩子说一句"回你自己的房间"，或者选择远离孩子的地方去讨论。

而在说到问题时，也不要总拿孩子说事，什么"为了孩子你也不能如何如何""你看看孩子都被你教成什么样子了"等类似的话都不要说，这种指责对方对孩子不好的话题，也会影响彼此对待孩子的态度。而且若是不小心被孩子听去了，也将影响父母在他心中的形象。

另外，不要在事后去跟孩子说夫妻争吵的内容，为了孩子才吵架这种事并不是值得炫耀的。出问题的是父母，与孩子无关，孩子负责的是享受美好与快乐，并不负责承担父母所丢出来的情绪垃圾。

最后，选择更理性的解决方式。

要解决夫妻间的问题，需要理性的方式。有的妈妈会选择让孩子去帮自己，这其实是不对的。比如，有的妈妈会这样说：

"我跟你爸都吵成这样了，你还无动于衷，你就不知道去劝劝？真是白养你了，你就和你爸一样，一点都不知道关心人。"试问，这和孩子有关系吗？他并不知道父母因为什么而吵架。而且父母吵架也不应该由孩子来负责，难道每次吵架都必须是孩子去解决问题吗？显然不能这样。

要解决问题，还是需要父母的理性思考，需要自己去想办法，争吵和不了了之都不行，向孩子袒露矛盾更不可以。还是多从自己想想看，多改变自己，少指责他人，既然已经成为一家人，也要学着包容对方，多想想对方的好，不要总挑刺，也许生活会更简单。

不要当着孩子的面互相指责

父母当着孩子的面互相指责，会出现在两种情况下：一种情况是情绪上来了，根本就不在意孩子，父母将更多的注意力放在了自己的情绪发泄之上；另一种情况则是正好在处理孩子的问题，也许这就变成了故意当着孩子的面互相指责，一来是让他意识到父母是在解决他的问题，二来也是想要在他面前提升自己的权威。

但不管是哪一种情况，都会对孩子造成伤害。不在意孩子就彼此指责，他会发现父母也有阴暗的一面，而且父母的话那么犀利难听，这会破坏他内心的安全感；而故意当着孩子的面互相指责，孩子会从这些话语中听出父母对对方的不满，他也会将这些缺点记录下来，日后当父母再去管教他时，他就会以此为借口而不服管，这无疑也就导致他对父母变得不尊重、不服气，看轻父母。

不只是父母，家里的所有人，如果在孩子面前互相指责对方的不是，都会给孩子一个信号，那就是别人的错都是可以随便说的，而且别人不能犯错，犯了错自己就是有理的，这无疑会导致孩子变得心胸狭窄，斤斤计较，没有肚量。

来看这样一个场景：

公交车站上，一对父母带着五六岁的儿子一脸着急的样子，妈妈不停地对爸爸说："让你早点起，你就是不动，孩子上幼儿园迟到了，我这上班也晚了，你真是干什么都不行！"

爸爸立刻反驳说："那你自己怎么不起？自己都起晚了还怨别人？要不是你催，我能找不着汽车钥匙？"

妈妈更不高兴了："自己乱放东西还怨我了？你怎么什么都赖别人？"

儿子在一旁小声地说了一句："妈妈别说了。"

可妈妈却立刻将炮火转向了他："你也是，跟你爸一个样！自己就不知道早起吗？天天等着别人叫，都快上小学了，一点儿长进都没有。"

爸爸可不乐意了："这怎么又和我一样了？还不是你教育的！"

一时间，这争吵声成了公交车站上不和谐的声音。

仔细想想，这问题到底在谁身上？还不是父母吗？自己的错误永远看不见，眼里全是别人的问题，这才是能争吵起来的原因。哪怕是孩子在面前，父母也更多地在顾及自己的面子，所以才会有这样的争执。

前面指出，夫妻关系的不和谐是影响孩子性格发育的一大障碍，所以这种彼此互相指责的错误做法自然也是要极力避免的。

第一，在孩子面前多说他人的好。

很多人并不具备说人好的能力，总有种"我最好"的盲目自信，而且看待周围的人也总是习惯用审视的目光，哪怕是鸡蛋里挑骨头也要找出对方的不好。这样的人太过于斤斤计较，也太自负。

我们应该学着用欣赏的眼光去看待周围的人，如果觉得说其他人的好不那么容易，那就先从夫妻间的彼此夸奖开始吧！

尤其是在孩子面前，妈妈可以多说说爸爸在外工作的辛苦，说说爸爸都有哪些优点，讲讲爸爸的好事；爸爸可以经常提醒孩子要体谅妈妈，让他意识到妈妈为了照顾好家庭所付出的汗水，同时多夸奖妈妈的能干。当然我们也要多对孩子提及其他人的好，让他知道自己是生活在爱中的。

而且，当我们口中说的全都是别人的好时，孩子也会更希望自己能得到这样的夸奖，便会更努力地去学习他人的好，并尽量做到这些好。这种正能量的传播，岂不是要比我们不断地提醒教育孩子好好表现更有用吗？

第二，有外人在时，更要维护另一方在孩子心中的形象。

朋友聚会，大家都带上了孩子。

聊天之间，妈妈们开始说起了孩子的爸爸，其中一位妈妈羡慕地对另一位妈妈说："你看你老公多好，再看看我老公，在家什么都不干，也不管孩子，你说他一个大男人，整天除了吃就是睡，真是没一点出息！"

一旁的孩子听见了这话，回头看了看坐在一边的爸爸，其他妈妈也看了看这位爸爸，爸爸的脸色尴尬极了。

在外人面前，自己一家几口才是一个整体，俗话说"家丑不可外扬"，如果我们在外人面前都能如此毫不顾忌地提及另一半的缺点，那么孩子就会觉得，这种话是能随便说的，而他也会养成过于"直爽"的性格，在外人面前揭人短。

有外人在，我们更应该抱成团，特别是在孩子面前，不管与谁说，都要维护另一半的形象，有问题我们要私下讨论，一定要在孩子内心树立起正向的父母形象。

第三，商量好了再展开教育。

很多夫妻间的彼此指责，都是在问题出现之后，这种指责也有逃避责任、肯定自我的成分在里面。其实仔细分析一下，正是因为彼此间没有好好商量，都只顾着自己的表现，而看不惯对方的教育方式，这才让教育出现了分歧，孩子也因为这种不确定的教育方式而出了问题。

最好的解决是商量好了再去展开教育，将分歧提前解决，以免摆在孩子面前。这种商量可以让我们提早发现问题，比如一些彼此意见完全相左的问题，一些我们也不确定的教育方法，而只有我们双方都肯定了，才能保证日后教育的一致性，也能避免到时候彼此指责。

当然说到底，这还是要由我们自己来改变，坐下来商量的时候，也要心平气和，不能带着命令一样的态度去要求对方，先放低自己的姿态，更有助于接下来的顺畅交流。

第四，告诉孩子我们依旧爱他。

夫妻间的彼此指责，会让孩子觉得不安全，有时候可能会无法避免地发生。在这时候一定要想着去补救，要告诉孩子父母依然爱他，也依然爱着其他人，父母只是一时间出现了矛盾，并且用不恰当的方式去解决了，这是父母自己的错，以后会改正。

越是坦诚地告诉孩子自己的错误，并明确表示要改正，孩子才越不会对父母失去信任，而且这种及时表达的爱也能尽快弥补他被破坏的安全感。而且，也不要忘记提醒孩子，这种彼此指责是不对的，以免他以后也学着父母的样子去指责他周围的人。

照顾好自己，才能照顾好孩子和家庭

在自己、孩子和家庭之间，很多妈妈会显得很无私，会认为"只要孩子好，只要这个家好，我自己怎样都无所谓"。这种想法是值得敬佩的，可是这种做法却并不一定是正确的，也并不值得推崇。

都说爸爸是一个家庭的顶梁柱，爸爸表现的好坏，是能影响家庭的持续发展的，可是妈妈同样不要忘记，自己的状态才是家庭能否和谐温暖的根本，妈妈的情绪往往会成为左右家庭整体气氛的关键所在。

现在的很多家庭里，整日充斥着一种紧张的情绪，而这个紧张的来源，就是妈妈。很多妈妈的确是辛苦劳作，为了孩子操碎了心，为了照顾整个家庭也尽量做到事无巨细，这也是需要全家上下尊重和感谢的，但是，有的妈妈却因此有了一种另样的"底气"。

有的妈妈会说："我自己无所谓了，只要孩子好，我怎么着都行。"

有的妈妈也会说："我全部的时间和精力都放在孩子身上了，哪里有拾掇自己的时间。"

还有的妈妈就显得理直气壮了："我牺牲了自己，就为了孩子，这孩子要是不好好表现，可真是对不起我。"

更有的妈妈会这样对孩子说："妈妈为了你什么都能放弃，你也要对得起妈妈的苦心。"

……

妈妈们这样说，原意是想要让孩子更好地成长，可在孩子那里，这样的妈妈却并不一定会换回他的尊重。尤其是有的妈妈总是把这样的话挂在嘴边，永远打着为了孩子好的旗号而放弃对自己的提升，这也无疑给孩子增加了包袱，让孩子变得被动，不得不为此而努力。

但是妈妈有没有想过，若想要照顾好孩子，就需要自己身体健康、知识丰富，这样才可能在孩子有需要时自如付出，否则自己都病恹恹的，做什么都无力，知识严重不足，对孩子的需求怎么可能满足？

想要给孩子更好的教育，前提是要给他一个温馨有爱的家，这个家不仅仅需要爸爸在外的努力打拼，也需要妈妈的不断进步。毕竟爸爸的打拼会为他积累更多的阅历，随着阅历增加，他的见识也会变广，此时若是妈妈不思进取，很快夫妻两人之间就会出现差异，若这差异越来越大，夫妻间原有的平衡被打破，一定会引发家庭矛盾。相反，妈妈如果不断提升自我，让言行举止变得更为得体，并能保证自己的内心情绪逐渐趋于平和稳定，这也相当于在与爸爸一起进步，这样夫妻两人之间就不会有差异，关系也会一如既往地和谐。

孩子若能成长在这样的家庭氛围中，不仅能感到身心平和，还能因为妈妈爸爸的共同努力进步而激发起他自己的上进心，特别是他与妈妈相处的时间相对长一些，看到妈妈的学习和对自我的提升，也会激发孩子想要不断进步的心。

所以，如果真是为了孩子的发展，那么妈妈也应该分出一部分精力来提升自我。

首先，不要过早地给自己定位于"全家保姆"。

结婚前或者刚结婚还没有孩子的时候，很多女性会有一定的上进心，总想着要和自己的另一半做到"同呼吸，共命运"，两人都越来越好这才是生活。可是这种上进心会随着孩子的降生而慢慢地消失不见。有的妈妈自从有了孩子，就将自己定位在了"保姆"的位置上，既然是保姆，那自然也就不必要努力了。

可孩子是会不断成长的，妈妈如此早地就放弃了努力，又怎么能适应不断成长的孩子呢？所以不要那么早就认为自己接下来的生命里就只能做保姆了。实际上，从有孩子开始，妈妈就应该为自己未来的人生做一个全新的规划。这个规划可以和孩子的爸爸一起商量一下，如果夫妻配合一起进步，这对家庭无疑是最好的。

其次，换一种态度对待家中的种种琐事。

有了孩子以后，家中的琐事会变得多起来，处理这些事情，一天两天还可以忍受，但时间长了，有的妈妈就会觉得烦躁了。可是烦躁归烦躁，却又不能不继续做。久而久之，一些妈妈的情绪也就变得不那么平静了，总觉得自己为了孩子、为了家牺牲了太多，可这种不平静却也只停留在抱怨上，并没有想过要怎样改变。

这时候不妨换一种态度来应对家中的琐事，这些事情都是为了让家变得更好而做的，妈妈也并不是被奴役，而是出于主动的心理才去做这些事情的。想想看，通过你的努力，家变得更美好了，孩子在这样的良好环境中，会感受到安全，而且因为环境干净，他也不会生病，这对于妈妈来说是多么有成就感。

再次，永远不要放过"读书＋出行"这条提升之路。

一个人如果想要进步，有一条路是必须走的，那就是"读万卷书＋行万里路"。妈妈为了提升自我，也要走这一条路。

妈妈的全部时间不会都给了做家务这一件事，总会有闲下来的时候，当闲下来时，不妨看看书，不要看娱乐杂志、消遣小说，而是要看一些更有深意的书籍，有助于提升自我，不管是从知识层面还是从精神层面，有助于自我完善意义的书才更值得一看。

除了看书，也不要总在家里闷着，有机会就要多出去走走，一方面可以锻炼身体，另一方面可以放松身心，如果有机会遇到志同道合的人，还能成为朋友。当然最好的情况是，和全家人一起出去走走，不仅能开阔视野，全家人的关系也会因此而变得更融洽。

最后，将提升自我与照顾家庭相联系。

有的妈妈认为，如果要提升自我，一定需要全神贯注，那到时候可就没办法好好照顾家庭了，要是忽略了孩子怎么办？其实这之间并不冲突，妈妈若是提升了自我，也能更好地养育孩子，更好地照顾家庭。

在这期间，可以有意识地看一些诸如怎样更好养育孩子的书，看一些如何更好打理家庭的书，将学到的东西逐渐运用到日常生活中去，这样不就学习和生活两不误了吗？

因为有你，妈妈的潜能得到了最大的发挥

在成为妈妈之前，大多数女性都将自己看成弱女子，都享

受着家人的疼爱，过着清闲的日子，对受宠有着无限深刻的体会。但是这种状态并不能长久，一旦有了孩子，自己也会不自觉地发生变化。

有一位妈妈就讲了自己的故事：

一直到生孩子之前，我都被妈妈和婆婆照顾得无微不至。当孩子降生之后，我第一次有了要照顾人的想法，看着这个从自己身体里孕育出来的神奇的小东西，我更想自己为他做些什么。

虽然我基本什么都不会做，但虚心学习这项能力我还是有的，所以我开始跟着妈妈和婆婆学习如何照顾孩子，学着做更多的事情。

原本我做的饭只能勉强入口，并不好吃，但为了让孩子能吃得好，我开始四处搜集食谱，并按照食谱上说的去努力，做得多了竟然也越来越好吃了。

为了能让孩子穿得舒服，我还跟着妈妈学习起了更细致复杂的针线活，又跟着婆婆学习了织毛衣。看到孩子吃着我做的饭，穿着我改的小衣服，内心那种激动与成就感满满的，我觉得自己还可以做得更多。

现在，我已经又有了新的计划，我想要做更全能的妈妈，也想要挖掘一下自己的潜力，为了孩子，我希望自己能做得越来越好。

从什么都不会的女子，变成生活中的一把好手，按照正常程序来说，这样的转变至少也需要一段时间。可如果是想让自己成为一个好妈妈，那这样的改变就会以一种惊人的速度发展起来。对于所有妈妈来说，孩子是最能激发妈妈潜能开发的因素。

那么，怎样才能更好地将妈妈的潜能激发出来呢？

首先，对孩子要有无限的爱。

爱孩子是让妈妈的潜能得到开发的最基本条件，因为对孩子有爱，所以妈妈才会想要为他做些什么，因为这份爱，妈妈才会更愿意继续努力。

有的妈妈在生了孩子之后，总有错误的想法，认为孩子是为了老人们才生的，是为了给夫家传宗接代才生的，这样的想法会让妈妈对孩子不亲近，自然也就不愿意为孩子而努力了。

孩子毕竟是夫妻情感的结晶，是父母生命的延续，这是一个全身心依赖于你的生命，这难道不令你感到欣喜吗？所以不要想得太多，全身心地投入去爱孩子就足够了。

其次，顺应孩子的需求去开发自己的潜能。

每个人都有无限的潜能，但是有的妈妈并不知道自己的潜能具体会在哪些方面得到释放，那么不妨从孩子的需求开始寻找具体的潜能释放方向。

比如，前面那位妈妈从照顾孩子的日常生活起居入手，吃饭、穿衣，这些内容都是孩子所需要的，如果之前自己做得也不算好，或者说根本就不会做，也可以像这位妈妈一样，从这些方面来开发自己的潜能。

当然，孩子的需求还有很多，只要是合理的需求，妈妈就可以试着调动一下自己的潜能，没准儿自己也能成为很多方面的达人。

再次，顺其自然地开发潜能。

潜能也是因人而异的，有人可能在某些方面的确有待开发的潜能，但在另外一些方面可能就不具有潜在天赋了。有的妈妈可能也会遇到这种情况，想要开发潜能，却可能怎么都走不通。这时候不要着急，能做到什么就做什么，一时做不到的也不用勉强。

在潜能开发这方面也要顺其自然，不能着急，能做到的事就努力去做，有些事如果真的做不到也不用气馁，总能找到适合且能做好的事。

最后，向孩子展示我们的努力成果。

潜能被激发出来的妈妈，身体里就好像有无限的能量，表现也会越来越好。这种对自我的挑战，也会让妈妈的内心变得越来越强大。拥有这样的状态，孩子可以被妈妈照顾得很好。还有一个重要的方面就是，妈妈也可以借由自己的潜能开发来激励孩子的斗志。

比如，为了照顾孩子，不会做饭的妈妈通过学习逐渐变得精通厨艺。这样的真实经历就很适合做激励孩子的榜样，而且这种经历也会让孩子知道，妈妈也不是从一开始就什么都会的，妈妈通过努力从不会到会，可见努力还是很有效果的。孩子原本就是以妈妈爸爸为榜样而努力的，有了妈妈这个正面榜样，相信他也会更愿意为自己的未来付出。

因为有你，爸爸更懂得珍惜

爸爸也是孩子最亲密的人之一，可与对妈妈的态度相比，很多孩子对爸爸的态度总是更冷淡一些。有的爸爸将孩子的这种表现归为天性，认为"小孩子就应该与妈妈亲，长大后才会与爸爸亲"，可实际上如果爸爸自己不主动去感受和体会这份珍惜，与孩子的关系便会总处于慢热甚至不热的境地。

从孕育孩子开始，爸爸相对来说负担要小一些，有些爸爸甚至是感觉无负担的。这是因为妈妈才是孕育孩子的主体，从一个小小的胚胎成长为六七斤或者更重的胎儿，妈妈所承担的身体、心理上的重负在与日俱增。

而爸爸所能做的一切都只能是外在的，不管是照顾妈妈的饮食起居，还是陪着一路产检，这些都只是外在的关怀，并不能代替妈妈去体会孕吐、体会身体因日渐加重而出现的水肿和腰背酸痛，不能体会妈妈身体笨重后的种种不便，更不能亲身体验妈妈分娩时那种高达12级的疼痛感。而且，很多爸爸在妈妈怀孕过程中，那种"要做爸爸了"的感觉并不算强烈，可能意识到自己已经是准爸爸了，但是整体状态还并没有扭转过来。

不过，这样的状态却会随着孩子的降生而发生变化，当孩子降生到人世的那一刻，很多爸爸都会有种"自己的世界发生了翻天覆地的变化"的感觉。

有一位解放军军官，上午还在训练场上练兵，中午就接到了妻子提前生产的电话。当他赶到医院后，看到只有六斤四两的小宝宝，竟然束手无策。

这位平时武装越野5公里，负重30公斤依然能跑到22分钟以内的硬汉说："换平时，我背着八九个宝宝这么重的装备都没问题，可现在抱着自己的宝宝，真是含在嘴里怕化了，捧在手上怕摔了，原来做父亲是这样一种感觉。"

这种感觉，就是珍惜。

绝大多数的爸爸应该都有这样的体会，看到那个与自己有着血缘关系的新生命降生，那种好奇、兴奋的感觉不言而喻，如果说妈妈对孩子是一种"终于见到那个我身体里的你"的感受，那么爸爸多半就会是"嘿，小家伙，我是你爸爸，初次见面"的感受了。

对于新生命，爸爸也是手忙脚乱的。成为爸爸，也是很多人人生中的一道分水岭。从初期的不适应，再到日渐适应，并逐渐走上做爸爸的正轨，为成为一个好爸爸而努力，只要能经历这样一个过程，很多爸爸都会更懂得责任与爱的真谛。

那么，做爸爸的应该怎样顺利步入正轨呢？

首先，尽快让自己进入爸爸的角色。

就像前面提到的，很多爸爸在做准爸爸的过程中，对"爸爸"这个身份的感觉可能并不强烈。因为还没有跟孩子见面，也没有妈妈所经受的种种感受，所以很多爸爸在最初的时候对这种感觉体会得不那么真实。因此，孩子降生的那一刻，很多爸爸才会有束手无策的感觉。

所以，我们需要尽快调整好心态，如果孩子刚出生，那就赶紧参与到照顾孩子的过程中；如果已经错过了那段最忙乱的日子，也不要只顾着后悔，而要不断提醒自己"我已经是爸爸了"，以更快地与孩子建立起亲密关系。

有很多事，只有亲身参与进去，才能体会到其中的滋味，尤其是养育孩子的辛苦。有的爸爸可能会变得烦躁，毕竟自己与孩子的妈妈不同，妈妈可以坐月子，可以稍事休息，但自己却还要工作，下班回家如果再伺候妻子和孩子，不仅打乱了原有的生活，也让身体变得疲劳不堪。

但我们也要换一个角度去想想，妻子十月怀胎，经历分娩的痛苦，还要经历哺乳的艰辛，与我们的辛苦相比，妻子是在用生命来孕育孩子，我们不过是比之前更辛苦了一点而已。说到底，这还是需要我们自行调整心态，以更包容的态度来对待这件事，更何况，自己的孩子与妻子，都是最亲近的人，辛苦一点难道不是应该的吗？

其次，坦然接受妻子对自己的"调遣"。

有些妈妈自己忙不过来的时候，就会调遣爸爸，让他帮着自己做各种事情。有的爸爸很不喜欢被调遣的感觉，可能会因此而产生烦躁的心理。对于这一点，我们更应该坦然一些，不要与孩子的妈妈发生争执。

妻子的调遣，也是在给我们创造与孩子亲近的机会，能有机会去发现我们所不知道的孩子的小细节，这想想也是件兴奋的事情。孩子其实也是通过与周围人的接触来决定亲疏关系的，我们可不要放过与他拉近距离的好机会，以免以后我们想要与孩子亲近时，却被他拒之千里，到那时我们才是真的要后悔。

对于妻子的调遣，我们不妨用虚心的态度去接受，毕竟那也是我们不太熟悉的领域。在这个过程中，妻子可能会表现得有些强势，或者总是挑错，我们也不要多计较这些，越是虚心的态度，越平和地应对，越能换来妻子的好心情。主动一些，主动照顾孩子，主动关心妻子，这也能让妻子的心里感觉更舒服一点。

最后，与妻子实现良好的配合。

在养育孩子这件事上，我们是需要与妻子通力配合的，如果彼此有分歧，好好商量再去应对。而这个商量不能只是为了证明谁对谁错，我们要意识到这是在对孩子负责，所以要从为孩子负责的角度出发，开诚布公地和妻子好好谈一谈。

这里所说的配合，指的是我们也要有"眼力见儿"，不是非要和妻子分清"这件事你做，那件事我做"，而是要能有默契，能心领神会。妻子想要做什么事，我们不能干看着，而是要适当地搭把手，这不仅是帮着妻子，同时也会让孩子意识到妈妈爸爸之间的和谐默契，如果是为了孩子做事，那他就会感受到来自妈妈爸爸双重的爱。

原来，教育真的不是嘴上说出来的

教育，不仅仅是说教，也就说，教育孩子真不是靠嘴巴说出来的。

有这样一则广告：

在孩子还小的时候，妈妈领着他过马路不管红灯绿灯；在家里，爸爸当着他的面抽烟、玩游戏机；在外面看见需要帮助人，妈妈毫不犹豫地制止他的善心，领着他离开；爸爸妈妈因为一点小事就恶语相向，对他也一点都不避讳……

后来孩子长大了，骑车过路口对红绿灯视而不见，和朋友们在一起偷偷抽烟，还嘲笑残疾人，因成绩不好被训斥竟然还跟爸爸争执起来……

妈妈心痛地问："你怎么变成这样了？"

孩子却一脸冷漠地吼道："这还不是你们教的！"

孩子是看着父母长大的，父母给孩子的影响最大，教育不是靠嘴说出来的，孩子天生就有模仿的能力，不管父母说得多么有道理，如果自己没有表现出来，那孩子也将无视父母所说的内容，转而只模仿父母的行为。

因为在孩子看来，父母就是他的榜样，"妈妈爸爸都能做的事情，说明是可以做的，那我也就可以做了"，这才是他内心的想法。孩子的是非对错与善恶观念，全都是跟随父母的脚步而来的。

还有一则广告：

男人为自己的父亲盖上被子，并提醒女儿不要吵闹，而转过头来，女儿也拿了一条毛毯过来盖在了男人身上，这则广告的名字叫"爱的延续"。

当父母言行中充满善念与正能量，即便什么都不说，孩子也会通过模仿将这份善念与正能量延续下去，而随着长大，他会越来越理解父母这样做的原因，当他从内心深处真正意识到善念与正能量的重要性时，他也会主动继续做下去，他的性格也会在这个过程中向好的方向发展。

明末清初理学家陆桴亭在《思辨录》中说："教子须是以身率先。每见人家子弟，父兄未尝着意督率。而规模动定，性情、好尚，辄酷肖其父。皆身教为之也。念及此，岂可不知自省。"这就给我们提出了身教的重要所在。很明显，教不在言多，而在表现是否到位。

所以，在身教这方面，我们也应该好好下下功夫。

首先，不要那么明显地表现出"教"的态度。

有了"教"的态度，人们就会不自觉地话多起来，作为父母的我们在这方面会表现得更明显。

有人说，我是因为爱孩子，所以才会教育他，不多说说他，他怎么能记得住。可是，有句话说得好，"爱，不是教，是影响"，我们说得再多，也及不上自己的行为给孩子带来的影响。

有了孩子以后，我们可能都会有些急切，都想要好好教育孩子，所以会忍不住不停地说，其实用不着那么着急，教育孩子不怕慢，慢慢来，慢慢用自己好的言行去影响他，他就能成长为我们所希望的样子。

所以，不要急着去教育，先做好自己，从说话到做事，都先给自己立好规范，自然也就能更好地影响孩子了。

其次，逐渐收敛起自己的不好，直到养成好习惯。

若要带给孩子好的影响，我们就要有好的表现。每个人都会或多或少有各种毛病，这些毛病我们若是放任不管，一定会让孩子在日常观察的过程中学了去。所以要教育孩子，先要教育自己，这是我们一定要做的事。

我们想要孩子养成怎样的好习惯，那就先看看自己有没有这样的习惯，如果自己在这方面都做得不好，自然也就没资格去要求孩子了。

而且，不要等着孩子也有了坏习惯才想着去纠正弥补，而应该尽早发现自己身上的问题，并在影响到孩子之前先改正。

再次，一定要保证言行一致。

说一套，做一套，这是很多人都有的坏习惯。有些妈妈，嘴上说着孩子"怎么不听妈妈的话"，自己在家却经常与自己的母亲或者婆婆顶嘴，有些爸爸也一样。这样的表现无疑给孩子树立了一个坏榜样，期待着靠说就能纠正他，那真是太难了。

这就要求我们需要保证言行一致，所有训斥孩子的话，同时也反过来想想自己，如果自己都没有做到，那么在教育孩子时也一定要连同自己一起教育，和孩子一起改正。

有的父母会用"我是大人，所以我可以这么做，你是小孩，你不能"这样的理由来给孩子解释，这是没有用的，只会增加孩子的反感，他会觉得成年人是虚伪的，也会以一种错误的期待来看待自己的成长。

所以，说出去的话，我们一定要对其负责，对孩子的承诺更是如此。当我们言行一致时，孩子学到的便是踏实做人，而我们的良好表现，此时才能成为促进他成长的榜样力量。

　　最后，和孩子一起成长，彼此影响。

　　其实父母都不是万能的，也不是完美的，每个家庭的教育过程都是一场摸索。每个人都是从孩子出生之后才开始学做父母，并伴随着孩子的成长而让自己也成长的。

　　和孩子一起成长，这是我们无法逃避的现实，既然如此，不如坦然接受这个现实，为了孩子也要好好地做自己，用自己的良好表现去影响他。

　　同时，孩子都是纯真的，所以他的成长过程中一定会唤起很多我们所遗忘的或已经放弃的美好，那我们此时也不妨接受孩子对我们的影响，重拾那份纯真的美好，也让自己在孩子的影响下变得更纯净、更具智慧。